CADERNOSDECINEMA

CINEMA NOVO

azougue

CADERNOS DE CINEMA

editor
Sergio Cohn

consultores editoriais
Cristián Jiménez Plaza
Felipe Bragança
Flávia Rocha
Hernani Heffner
Robert Stam

organização deste volume
Daniel Caetano e Sergio Cohn

projeto gráfico
Sergio Cohn

foto de capa
David Drew Zingg
Encontro do Cinema Novo (Nelson Pereira dos Santos, Ruy Guerra,
Joaquim Pedro de Andrade, Walter Lima Jr., Zelito Viana,
Luiz Carlos Barreto, Glauber Rocha e Leon Hirszman)
Agradecemos ao IMS a autorização de reprodução da imagem.

ISBN 978-85-65332-33-0

azougue press |
coordenação geral Sergio Cohn
coordenação editorial
Sergio Cohn — Darien Lamen — Cristián Jiménez Plaza
Brasil | CNPJ 12.272.339/0001-26
Portugal | NF 515805394
USA | E. Id. 803650511
Chile | tucán ediciones RUT 77.369.106-1

EDITORIAL

O cinema brasileiro possui amplo reconhecimento internacional por sua qualidade, relevância cultural e capacidade de invenção. Mas são ainda tímidos os exercícios de constituição de uma bibliografia qualificada e ampla, que apresente de modo acessível e qualificado, para as novas gerações e para o público em geral, no Brasil e no exterior, a sua história.

A proposta dos Cadernos de Cinema é exatamente esta: o estabelecimento de um amplo panorama da produção cinematográfica brasileira, através de volumes em homenagem a importantes autores e tendências de diferentes épocas e gerações. Assim, visamos contemplar tanto clássicos como contemporâneos, atualizando o repertório em torno da cinematografia brasileira. Para isso, os Cadernos de Cinema são pensados a partir de quatro eixos: mapeamento, apresentação, reflexão e estímulo à criação.

A proposta dos Cadernos de Cinema também é a de internacionalização da bibliografia sobre o cinema brasileiro, através de tradução para outras línguas, inicialmente inglês e espanhol, e publicação em parceria com editoras com a Azougue (Portugal e EUA) e a Tucán Ediciones (Chile, com distribuição em outros países ibero-americanos, como Argentina, México e Espanha).

A presente edição especial dos Cadernos de Cinema é em homenagem ao Cinema Novo, reunindo de forma inédita, com organização de Daniel Caetano e Sergio Cohn, uma série de documentos, textos e debates realizados pelos diretores que protagonizaram no período inicial do mais importante movimento cinematgráfico do país, entre 1961 e 1966. Um dossiê que, evidentemente, não busca ser exaustivo do material de época, mas criar um recorte histórico e conceitual, de forma a contribuir não apenas para o entendimento do próprio movimento como da cultura brasileira da segunda metade do século XX.

Boa leitura!

1961

ARRAIAL, CINEMA NOVO E CÂMERA NA MÃO
Glauber Rocha
6

ALGO DE NOVO ENTRE NÓS
Gustavo Dahl
12

1962

MOVIMENTO '62
Glauber Rocha e Miguel Borges
20

CINEMA NOVO
Glauber Rocha
28

CINEMA NOVO EM DISCUSSÃO
Ruy Guerra, Marcos Faria, Fernando Campos,
Eduardo Coutinho, Miguel Borges,
Leon Hirszman e Glauber Rocha
34

1964

CINEMA NOVO, AMBIÇÕES, PERSPECTIVAS
Alex Viany, Glauber Rocha e
Nelson Pereira dos Santos
42

1965

ESTÉTICA DA FOME
Glauber Rocha
60

VITÓRIA DO CINEMA NOVO
Alex Viany, Gustavo Dahl, Carlos Diegues,
Paulo César Saraceni e David Neves
68

A DESCOBERTA DA ESPONTANEIDADE
David Neves
94

1966

REENCONTRO COM O CINEMA NOVO
Gustavo Dahl, Carlos Diegues, Paulo César Saraceni,
Joaquim Pedro de Andrade, Louie Marcorelles e Glauber Rocha
104

FALA GLAUBER ROCHA
Glauber Rocha e Rogério Sganzerla
120

PEQUENA HISTÓRIA DO CINEMA NOVO
Gustavo Dahl
130

POÉTICA DO CINEMA NOVO
David Neves
136

ARRAIAL, CINEMA NOVO E CÂMERA NA MÃO

Glauber Rocha
1961

I

Cinema Novo em marcha: volta da Europa Paulo César Saraceni, após um ano e meio de trabalho com os jovens realizadores italianos, contato técnico e vivência com o moderno cinema europeu, sucesso de três prêmios importantes para *Arraial do Cabo*, criação conjunta com Mário Carneiro.

O cinema brasileiro ganha este nome: Lima Barreto com seus documentários e *O Cangaceiro*, Nélson Pereira dos Santos com *Rio 40 Graus* e Walter Hugo Khoury com *Na Garganta do Diabo* são três nomes ativos que romperam as barreiras tímidas do colonialismo cultural, arrancaram prêmios e despertaram atenções da crítica. Antes, um documentário de Gérson Tavares, *O Grande Rio*, também desviou olhares para o selvagem Brasil. Agora, a dupla Saraceni e Mário Carneiro. Em três testes diferentes — Bilbao, Firensi e Santa Margherita — *Arraial do Cabo*, antes até mesmo menosprezado no Brasil, venceu com facilidade. Na Cinemateca Francesa — diante do *grand monde* — cinco minutos de aplausos. No famoso Centro (Academia de Cinema da Itália) é distinguido pela professora Rosada, como exemplo, e vai a aulas práticas. E Saraceni não estuda, dá aulas.

II

A descompostura intelectual do cinema brasileiro — sua falta de prestígio, seu abandono político e econômico, sua trágica destinação à demagogia, aventureirismo, teoria de algibeira — subitamente levanta a cabeça. O furo de *Arraial do Cabo* é mais importante para o cinema nacional do que tudo que se faz agora: as briguinhas, a euforia industrialista, o culto do ouro corrompido que virá com a co-produção. Incrível, como apenas dois ou três nomes de nossa crítica — quando possuímos uma grande equipe — se detiveram na análise deste pequeno filme. Alguns dos nossos maiores nomes não viram, inclusive, *Arraial do Cabo*. Há muito silêncio duvidoso no ar. Já disse, em artigo passado, que este documentário — reconhecido na Europa pela crítica (não é mentira, que até se falou em nomes como os de John Ford e Luis Buñuel...) — poderia atemorizar certos tabus humanos e profissionais do mal iluminado palco cinematográfico de nossa terra, desde quando provava — na insistência de três prêmios — que não se necessita de milhões para um bom filme; que cinema moderno é um problema de inteligência, coragem, vivência, sobretudo sentido de profissionalismo; que cinema

7

moderno é o cinema de autor, por isto é o cinema independente e para ser isto preciso ser digno (em todas as direções) e somente os jovens (que é uma questão de verdade e não de idade) podem e estão aptos para esta revolução que se anuncia no país e já começa a despertar as ironias iniciais da geração que teve uma oportunidade e não soube aproveitá-la; desta mesma geração que, diante de outra chance (vide o crédito do BB), já tem uma concorrência de sangue vibrante, de sangue que não se quer diluir, mas ser derramado na obsessão de libertar o cinema nacional do colonialismo econômico e intelectual.

III

Não tem a menor importância a reação. É débil e basicamente não propõe um debate em termos de inteligência. As provocações de certa dupla crítica não suportam argumentações lógicas. E uma briga em termos de desaforos não é o modelo mais corajoso, pois seria mesmo uma falta de piedade, caso voz junta de todos os cinenovos investisse contra os dominadores fictícios deste ainda mais fictício cinema nacional. Se adotamos o nome de Cinema Novo, não foi por imitação. É porque — certos ou errados — envergonha dizer que fazemos ou vamos fazer cinema brasileiro ombro a ombro com aqueles que, até agora, apenas gastaram dinheiro com imponências fracassadas.

É bom que agora se diga a verdade: os chamados filmes sérios fracassaram nas bilheterias porque eram provincianos, mal feitos, culturalmente desligados de nossa realidade, covardes nos argumentos e na realização quadradinha da imitação de cinemateca ou de Hollywood. E é bom, também, que os estrangeiros dinamitadores da Vera Cruz, o bloco profissional dos coquetéis, das delegações e dos prêmios fabricados e produtores que estouram orçamentos em pés-de-meia, e diretores improvisados e funcionários de comissões saibam do seguinte: só existe ilusão neste cinema brasileiro e, salvo o nome daqueles diretores de trinta já citados, Carlos Manga é o único artesão respeitável, porque mesmo na chanchada realizou uma comunicação com o grande público dentro de uma linguagem insegura, às vezes vulgar, mas reveladora de momentos respeitáveis (e pessoais) nunca antes acontecidos nas famosas produções de equipe da Vera Cruz, Multifilmes, Maristela — oportunidades industriais assassinadas pela auto-suficiência e diletantismo dos alunos formados no IDHEC.

O cinenovo brasileiro não quer co-produção, não quer empréstimos caudalosos, não quer distribuição compulsória. Se a boa-fé de Flávio Tambellini deseja ajudar os novos cineastas brasileiros, pense no seguinte:

a) documentários para os jovens, com inteira liberdade de criação;

b) prestígio para os jovens na carreira do ouro, ou seja, na disputa de financiamento bancário; o jovem vai entrar sem títulos, sem o brilhante passado dos veteranos e com roteiros de ideias (o que pode ser perigoso, caso se deseje, apenas, fomentar a fabricação de filmes...);

c) abrir o INCE aos jovens produtores — fornecendo o material disponível; fazer com que laboratórios paralisados, como o do Ministério da Agricultura, entrem em funcionamento, para servir aos jovens; desencavar as várias câmaras de filmagem que estão enferrujando em pratileiras de várias repartições federais (já estamos fazendo um levantamento) e colocá-las à disposição dos jovens.

Queremos um crédito de confiança, ainda que não seja movido pela crença no talento, pelo menos o seja pela simpatia original que cada homem civilizado possa ter por esta verdade desmoralizada pelo romantismo: a juventude acesa para o trabalho.

Não desejamos nada mais. E caso não apareçam imediatamente estas ajudas — de elementos que existem e não precisam ser importados —, vamos fazer nossos filmes de qualquer jeito: de câmera na mão, de câmera 16mm (se não houver 35mm), improvisando nas ruas, montando material já existente. Desde *Caminhos*, de Paulo Saraceni, e *O Maquinista*, de Marcos Farias, estamos produzindo, e, agora, já temos dois longa-metragem, inclusive. Os documentários individuais continuarão. *Couro de Gato*, de Joaquim Pedro, já foi vendido em Paris; Mário Carneiro vai lançar outro curto, sobre gravadores; Diegues e David Neves terminam *O Domingo*; Leon Hirszman e Marcos Farias preparam já um longo, em episódios, para este ano. *Favela*, com Miguel Borges e Sílvio Pereira de Melo, enquanto Saraceni prepara um longo.

Não, senhores temerosos de perder a coroa, não é para rir. É pra chorar!

ALGO DE NOVO ENTRE NÓS

Gustavo Dahl
1961

Do exílio o mais penoso é a consciência de uma transformação, e não perceber o processo nem ter exatamente a medida. Os recentes artigos de Glauber Rocha, Paulo César Saraceni, Claudio Mello e Souza e Jean-Claude Bernardet, mas sobretudo uma pequenina nota de autoria do senhor Pedro Lima, sussurram que algo novo vai pelo cinema brasileiro. Sobretudo a pequenina nota do senhor Lima que exorta os jovens que estão fazendo ou vão fazer cinema no Brasil a mudar de atividade. Se por um lado nada impede o referido senhor de nos aconselhar a encontrar "outra profissão mais útil ao país e a nós", já que ele tem a autoridade para fazê-lo, pois é a mesma profissão que escolheu, não sei quais aos dados que o autorizam a dizer que queremos "brincar de fazer filmes" às custas do governo. A pequenina nota não o esclarece. Como não esclarece as aspas que cercam a palavra "inteligente", o que me leva a pensar que o mesmo senhor participe de uma corrente de pensamento para a qual inteligência é um nome feio. Mas o senhor Lima, veterano do cinema brasileiro, que aguarda respeitosamente uma aposentadoria que o azar não quis compulsória, possuía voz da experiência. É verdade que como crítico não se destaca da incompetência e da mediocridade constantes da crítica brasileira. É verdade que sua coluna hebdomadária é assaz bizarra, coquetel de pin-ups, reivindicações extemporâneas e invectivas sobre a gente que faz cinema no Brasil, no estilo da maledicência aludida veladamente às qualidades de inteligência deste incansável senhor. Vi muita gente boa, insuspeita, pois que já tinha sido objeto de suas sutis destilações semanais, relembrar que, há muito tempo, o respeitável senhor Lima tinha sido crítico digno e importante. Eu creio no tempo, na história, nos longos anos de cinema brasileiro que ele possui, eu creio no senhor Pedro Lima. Por isso lamento não tê-lo encontrado quando adolescente descobria o cinema nas projeções da Filmoteca do Museus de Arte Moderna ou na atividade de um ou dois críticos paulistas, únicos a superarem na época uma dimensão provinciana. Teria então acreditado que ao ocupar-me de cinema não sirvo nem a mim nem à pátria. Hoje é tarde, minha escolha já foi feita. Estou desolado. Um pouco mais o rogaria que se apagasse do tempo minha atividade cinematográfica, que o governo italiano me cancelasse a bolsa, que me excluíssem do Centro. Desolados também devem estar o diretor e produtor Glauber Rocha (*Pátio*, *Cruz na Praça*, *Barravento* e só como produtor, *A Grande Feira*) ou Paulo César Saraceni, medalha de ouro em Bilbao, prêmio especial do júri em Florença, prêmio do melhor curta-metragem em Santa Margarita Ligure, cujo *Arraial* após tanto silêncio faz correr tinta. Joaquim Pedro, no mínimo, deve ter queimado seu Manuel Bandeira, proibido a exibição na França do recente *Couro de Gato* e retornado aos estudos de física. Jean-Claude, suspeito, pois embora não apreciando *Arraial* gosta de *Aruanda* e como política de produção defende ambos, deve ter cogitado de se enterrar na biblioteca em que reina, se bem que, com tantos livros de cinema em torno, não estará a salvo da maldição que nos diz de procurar outra profissão. Disto não devem esquecer os dez ou quinze nomes que estão mais ou menos ligados àquilo que o respeitável senhor chamou de Nouvelle Vague nacional, talvez pejorativamente, o problema é dele, e que eu, à distância, cria muito embrionária do que realmente é, já que o referido cronista, erigindo-a em objeto de sua atenção, demonstra o contrário. No cinema brasileiro quando se começa a ser atacado ou ironizado é sinal de que já se conta para alguma coisa. Por isso é que todos estes meus amigos, mesmo os que não conheço, devem regozijar-se. Se nós aí estamos, permaneceremos, com a vantagem que o tempo trabalha em nosso favor, e contra cronistas de pequeninas notas, que pedras no meio do caminho não serão para nós, pois nos auxiliam apregoando ao seu vasto público aquilo que nós já sabíamos, que algo de novo vai pelo cinema brasileiro.

Salutar não é somente a prática dos esportes, mas também a leitura de suas notícias. Outro dia a França, entre maravilhada e espantada, percebeu que cada vez mais a idade de seus recordistas oscilava entre os dezesseis e dezoito anos. O fenômeno, aliás, é mundial e não é exclusivo dos esportes. Veja-se na política, na brasileira, por exemplo, a crescente juventude dos recém-chegados. O cinema, de sabida sensibilidade aos cambiamentos sociais, a arte mais jovem com artistas mais jovens, se rejuvenesce também, e num país jovem pode mesmo adquirir tons adolescentes. É normal, normalíssimo. Esta ideia talvez choque a rigidez de certos espíritos. Afinal de contas cinema é uma coisa séria, não se faz com menos de trinta, quarenta ou cinquenta anos, o limite dependendo da maior ou menor rigidez. É lógico que se dissesse isto aos meninos eles ficariam irritados. Não é culpa deles, no fundo, se King Vidor, Orson Welles ou Walter Hugo Khouri tinham apenas superado a casa dos vinte quando rodaram seu primeiro filme. Então a gente os aconselha a mudar de profissão ou a vegetar uns dez anos de assistência , com a pilhéria de aprenderem o ofício ou aguardarem maturidade. Sim, cinema é uma coisa séria mas "o processo que leva o aspirante à direção através de vários cargos na produção rotineira, com intuito de ensinar-lhe a técnica, é um mito, uma mentira que não tem outro fim que não converter ao conformismo". Um outro Jean, Luc Godard, cita o caso especial de Marcel Camus que *a trop gentiment assister les autres depuis quinze ans, a perdu le sens de la poésie.* Isto a propósito de um filme que a mentalidade assistente considera modelar e, as pessoas de bem, ignóbil, *Orfeu Negro*, ou "do carnaval". No fundo seria melhor para todo mundo se nós fossemos "camuses" em potencial e enchêssemos o Brasil de monstrenguinhos órficos. Cinema é uma coisa séria, pode-se ser velho e praticar um cinema gagá aos vinte e cinco anos. Não é o nosso caso, nós temos a idade que temos e realmente achamos o cinema uma coisa séria. E o achamos tão seriamente que os senhores acomodatícios mexem-se em suas poltronas ao realizá-lo. A seriedade impressiona a juventude, mas juventude seria incômoda à velhice, que se lhe tiram a exclusividade da virtude não tem mais nada a fazer, e inquieta a incompetência que ocupa postos que lhe pertencem de fato mas não de direito, por aquisição, mas não por sangue. Se nossa juventude vos incomoda ou inquieta, senhores, em verdade, em verdade eu vos digo, preparai-vos para muito mais.

Mas o que há enfim, de novo, no cinema brasileiro? Sobretudo uma consciência. A consciência de que para fazer um filme bastam "uma câmera e uma ideia", "um fotógrafo inteligente e pequenos meios". A consciência de que o filme espetáculo está morre-morrendo. Quem duvidar nada mais tem a fazer que constatar o esplendor desta *mort en beauté* na ressurreição agônica por que passa um dos espetáculos cinematográficos por excelência, o filme histórico. O cinema americano, a indústria do cinema americano, faliu. Em seu tempo. Hollywood hoje transferiu-se para Cinecittá. Atualmente o cinema italiano é o único industrialmente forte. Atualmente o cinema italiano produzirá cerca de 250 filmes. Dos quais só resistirão Michelangelo Antonioni e Luchino Visconti. De Sicca não pode mais fazer *Umberto D*, Fellini não pode mais fazer *I Vitelloni*, Rossellini não pode mais fazer *Roma, Cittá Aperta, Paisà, Germabia Anno Zero, Amore, Francesco, Giullare di Dio, Viaggio in Italia.* Certas árvores explodem do excesso de seiva. O cinema italiano explodirá desta prosperidade que não só afoga os grandes ramos que estão no alto, mas fazem também com que os novos nasçam anêmicos, sobrando apenas um tronco enorme, sem vida disforme, que aguarda a morte num crescimento que é aquele do animal castrado. Castrado e anêmico são os adjetivos que melhor definem o cinema italiano, principalmente o jovem. Bolognini e a pederastia impotente que se resolve no cinema de *haute couture*. É uma loucura alinhá-lo com Godard, Resnais e outros grandes. Um cinema que não tem juventude, que não tem capacidade de renovação, é um cinema já morto. De fato o cinema italiano, com seus diretores velhos ou novos unidos na aspiração de compor com a indústria, está a aguardar que a elefantíase que lhe trouxe o acoplamento da co-produção com a aberração anatômica que já o corrói, se consume e o consuma. E deixa morrer. Jean Rouch me explicou em Santa Margarita que a única maneira de fazer bons filmes é se convencer de uma vez: indústria é uma arte.

O espectador está tomando consciência disto, o cinema não é mais a usina dos sonhos, o ópio do povo, e isto não lhe desagrada. Para passar dias e horas sem pensar, vendo pernas e rindo à beça, ele tem em casa o aparelho de televisão. A televisão salvou o cinema retirando-lhe a antinomia em que se debatia desde seu nascimento, de espetáculo-arte ou arte-espetáculo. Os "gêneros" que representam a quintessência do filme espetacular desaparecem, como o "musical", ou se transformam, como o western, que fechado nas quatro paredes da delegacia onde o xerife aguarda a chegada dos bandidos ao povoado, se quis psicológico e esqueceu as perseguições a cavalo nos grandes espaços da paisagem americana. A vedette, a *star* não existe mais. Brigitte, a sublime Brigitte, antes de ser uma ou outra coisa é simplesmente um dos grandes símbolos sexuais cuja periodicidade e o mundo conhece desde seus tempos primeiros. O público descobre que ao cinema se vai para ver o verdadeiro gesto e ouvir a verdadeira voz do homem. E sua situação, acrescentaria Jean-Claude. Cinema é o diálogo do filme com seu público, e não o canto enganador de uma sereia em três mil metros de celuloide, do qual ela se libera. E o diálogo só possível quando o filme traz a presença do homem, que é a presença do autor. *Il n'y a qu'auteurs de filmes, et as politique, em raison même dês choses, inattaquable.* (Truffaut). A arte é do artista, artista é o homem, o homem que é, e em liberdade. O cinema, que é do jovem e do homem, é livre, livre sobretudo da pressão industrial. Se me disserem que é exagero, responderei que o devir é mais importante que o ser, que o sentido da ação, é mais importante que a ação, é mais. Talvez a situação não esteja tão clara como pretendo, mas a tendência o está, e de já bom tempo. A grande chance dos cinemas subdesenvolvidos, dos cinemas sem passado nem presente, dos cinemas que não existem, como o brasileiro, é esta possibilidade de partir do ponto em que os outros chegaram, de começar onde os outros acabaram.

MOVIMENTO
'62

Glauber Rocha
e Miguel Borges
1962

GLAUBER ROCHA:

O que prefiro chamar de "movimento 62" é decisivo para o cinema brasileiro: *Cinco Vezes Favela*, *Os Cafajestes*, *Tocaia no Asfalto*, *A Grande Feira*, *O Pagador de Promessas*, *Três Cabras de Lampião*, *O Assalto ao Trem Pagador* e *Barravento* formam um quadro de renovação e de reabilitação de veteranos como Anselmo Duarte, Aurélio Teixeira e o próprio Roberto Farias, que às vezes deslizam para a chanchada, mas que agora parecem estar definitivamente dispostos a manter um nível sério de realizações. Isto para não falar no filme de Alex Viany prepara para a Bahia, *Sol Sobre a Lama*, e no esperado projeto de Nelson Pereira dos Santos, que é *Vidas Secas*, do romance de Graciliano Ramos, sem dúvida a mais importante visão do nordeste brasileiro.

Renovação

O que existe agora é fruto principalmente do eixo Rio-Bahia: metade ou mais destes filmes foram feitos na Bahia, por produtores baianos e em co-produção com cariocas e paulistas. Mas o fundamental, além de um sistema de produção que descentraliza a antiga limitação e superficialidade temática, é o grupo do já divulgado Cinema Novo: são os rapazes do CPC que editam o mais importante dos filmes da história do cinema brasileiro, tão decisivo hoje como foi, há quase dez anos, *Rio 40 Graus*, de Nelson Pereira dos Santos, — a primeira tomada de consciência política em nosso cinema, muito antes da revolução que sofreu o próprio teatro. Creio que a influência de NPS, direta e indireta, é palpável nna nova mentalidade: baixo custo de produção, engajamento, liberdade de criação e outras condições que caracterizam o cinema em nascimento. No cinema brasileiro só considero importantes Humberto Mauro e Nelson Pereira dos Santos. Os cineastas indispensáveis de agora em diante são Miguel Borges, Leon Hirszman, Carlos Diegues, Joaquim Pedro de Andrade, Paulo César Saraceni, Marcos de Farias, Roberto Pires, Miguel Torres, Roberto Farias, Sérgio Ricardo ou um estrangeiro carioca, como Ruy Guerra, o autor de *Os Cafajestes*, a fita nacional que apresenta o melhor índice de realização, o melhor *mise-en-scéne* entre todas as que serão apresentadas este ano, sem que isto o impeça de ser um filme ideologicamente situado, mesmo porque as suas excepcionais qualidades de estilo não figuram entre aquelas outras submanifestações de esteticismo, a bala mortal do nosso cinema até hoje, através da famigerada geração paulista.

Críticos como Alex Viany e Paulo Emílio Sales Gomes tiveram influência na formação da nova mentalidade, assim como o aparecimento da jovem crítica criada por Moniz Viana e Ely Azeredo; Sérgio Augusto, Paulo Perdigão, Walter Lima Júnior, Valério Andrade, ou outros surgidos neste jornal, como David Neves e Carlos Diegues. Todos estes nomes são pais e filhos do Cinema Novo. Acho que a criação do nosso cinema está acima de qualquer contigência e creio ser um primarismo político procurar dividir a bandeira da nova mentalidade, o que permitirá apenas a inflação do cinema comercial, da co-produção, da fofoca crítica que ainda habita em alguns jornais.

Consciência ideológica

O jovem é impetuoso e via de regra sectário: incrivelmente a posição dialética só apresenta uma face e este confesso ser o maior perigo que a CPC possa vir a causar no Cinema Novo, embora *Cinco Vezes Favela* não revele o menor sintoma de adolescência. Mas falo no plano polêmico. O cinema, se obrigatoriamente (ou historicamente, como qualquer manifestação cultural) está ligado ao problema fundamental da nossa sociedade, é, também, apenas criação válida, enquanto fruto de um "autor". A posição ideológica é diferente da visão do ser cineasta.

Aliás, esta seria, em relação ao CPC, a grande contradição de *Cinco Vezes Favela*, que denuncia cinco autores da mesma formação ideológica (aliás quatro, exceção feita a Joaquim Pedro), variando sobre o morro com métodos pessoais de expressão. Definir uma posição crítica dos nossos filmes de hoje e de amanhã é uma loucura que tende à mais provinciana das academizações. O contexto brasileiro é complexo e creio o pior caminho ser o romantismo. A denúncia da alienação é um problema de maior envergadura, mas não é com a teorização formalista que vamos chegar a imprimir uma consciência crítica ao nosso público. Os filmes precisam sobretudo falar a verdade, seja de que maneira for. O cinema moderno não tem "posição de câmera", mas necessita de uma posição diante do mundo, segundo a exigência da História. Realizar, polemizar, agredir ou denunciar depende, contudo, desta posição, que é particular e nunca pode ser resultado de teorias.

Posso talvez ser considerado marginal (como Nelson e Ruy) por não pensar em equipe com o CPC, mas acho inteiramente infantil um julgamento desta espécie. O que interessa sobretudo são os filmes, a importância destes filmes, venham eles de onde vierem, de velhos e de moços, da cidade ou dos campos. A partir deste ano, o cinema brasileiro começa a existir voltado para a nossa realidade: tanto nas praias da Bahia (onde filmei *Barravento*), quanto nos morros cariocas (onde foi rodado o filme do CPC), o homem vive como bicho, oprimido de todos os lados, alienado e sem ainda conhecer ao menos uma perspectiva. Se os filmes são corajosos, forçosamente todos caminham para os mesmos fins. Ao contrário, estão à margem: perseguem uma engraçada estética burguesa e não passam das geniais "posições de câmera".

MIGUEL BORGES

Há um cinema internacional que não atende às novas necessidades das plateias. Uma antiga casta de produtores consegue sobreviver porque os hábitos do público tardam em superar-se, e porque essa casta sustenta-se à custa de uma luxuriante publicidade, paga pelo espectador.

Há uma crise no cinema internacional: de temas, expressão, comunicação com o público, estética. As massas que frequentam as salas de projeção tem, senão a consciência, a sensação coletiva de que algo não vai bem.

Recentes transformações na economia do cinema acarretaram transformações culturais do público e do filme. A produção mundial diversificou-se e descentralizou-se. Hollywood é apenas a sombra de um passado próximo. Americanos e europeus perderam aquela tranquilidade com que ofereciam o produto ao mercado, há alguns anos. Há uma corrida por temas e paisagens, através do mundo. A super-produção tornou-se comum. A co-produção luxuosa tenta implantar uma nova modalidade de domínio para perpertuar os círculos retrógrados do cinema internacional.

Clima social

As tensões internacionais, as grandes conquistas tecnológicas, como os voos cósmicos, favorecem uma elevação do nível intelectual médio da população do planeta. Os acontecimentos mundiais solicitam cada vez mais a atenção dos indivíduos e das coletividades, que a eles reagem pelo escapismo, a galhofa, a cocaína, a bomba de plástico ou a greve política. Há clima para um cinema socialmente responsável. Não um cinema propagandístico, panfletário, de "guerra fria". Mas um cinema consciente quanto à realidade social, até onde o permita sua natureza de arte (e ele poderá ir longe, nesse plano) e até onde o leve sua natureza de veículo excelente de estreitamento da comunidade universal.

A saída dessa crise está nos países como o Brasil. Países onde os capitais são poucos, forçando a desglamourização do filme. Onde há toda uma temática inexplorada, e uma temática que favorece a obtenção de um cinema ligado ao povo, a uma paisagem que se identifica com o povo. Nordeste, favela e Copacabana são temas que podem representar para o cinema brasileiro o que o western e o underground metropolitano representaram para o cinema dos EUA. Ou o que o samurai representou para o japonês. Esses três gêneros serviram para demonstrar que o cinema alcança mais plenamente o âmbito universal quando se empenha na revelação fílmica de uma realidade nacional.

É indispensável, porém, que não passe a predominar, nos filmes com esses temas, o caráter de mercadoria inerente a todas as produções cinematográficas no regime capitalista e responsável, dialeticamente, pelas grandezas e misérias da cinematografia desse regime.

Os círculos retrógrados e oportunistas do cinema internacional descobriram o Brasil e outros países como fonte de temas — e de mão-de-obra barata, e de favores dos governos nativos à base de uma bem conduzida campanha de publicidade e relações públicas, em que eles são mestres.

Liderança

O Brasil tem uma liderança a assumir no cenário cinematográfico mundial. *Cinco Vezes Favela*, do Centro Popular de Cultura da UNE, quer ser uma experiência decisiva de Cinema Novo brasileiro. Foi esse o sentido do esforço dos diretores de seus cinco episódios. Outos filmes dão ímpeto ao movimento. Prontos, ou quase, *A Grande Feira*, de Roberto Pires, *Barravento*, de Glauber Rocha, *Os Cafajestes*, de Ruy Guerra. E também *Três Cabras de Lampião, O Pagador de Promessas, O Assalto ao Trem Pagador*. Alex Viany e Nelson Pereira dos Santos preparam-se para dirigir ainda este ano. Começa um Cinema Novo no Brasil.

Cinema com gente, temas, paisagens e problemas brasileiros, de baixo custo de produção, alto nível técnico, com esforço de aprimoramente estético — isto é Cinema Novo. O baixo custo de produção alivia as pressões econômicas sobre o filme e possibilita a multiplicação das tentativas.

CINEMA
NOVO

Glauber Rocha
1962

O cinema novo não é uma questão de idade;
é uma questão de verdade.
[Paulo Cézar Saraceni]

Em 1957-58, eu, Miguel Borges, Carlos Diegues, David E. Neves, Mário Carneiro, Paulo Saraceni, Leon Hirzsman, Marcos Farias e Joaquim Pedro de Andrade (todos mal saídos da casa dos vinte anos) nos reuníamos em bares de Copacabana e do Catete para discutir os problemas do cinema brasileiro. Havia uma revolução no teatro, o concretismo agitava a literatura e as artes plásticas, em arquitetura a cidade Brasília evidenciava que a inteligência do país não encalhara. E o cinema? Vínhamos do fracasso de *Ravina*, de uma súbita interrupção em Nelson Pereira dos Santos, de um polêmico Walter Hugo Khouri, do fracasso Vera Cruz & Cavalcanti e sofríamos na carne a tirania da chanchada.

Eu realizara *Pátio* e Luiz Paulino dos Santos *Um Dia na Rampa*. No Rio, Paulo Saraceni terminava *Caminhos* e Marcos Farias preparava as filmagens de *O Maquinista*. Joaquim Pedro estava com os planos de *O Poeta do Castelo*, Leon e Marcos faziam projetos e Miguel iniciara um filme sobre funcionários públicos, cujo título não me recordo. Sabíamos que na Paraíba havia um jovem chamado Linduarte Noronha e o nome de Roberto Pires ainda era dúvida inédita: *Redenção*.

Discutíamos muito: eu era eisenstesiano, como todos os outros, menos Saraceni e Joaquim Pedro, que defendiam Bergman, Fellini, Rossellini, e me lembro do ódio que o resto da turma devotava a estes cineastas. Detestávamos Rubem Biáfora, achávamos Alex Viany sectário e Paulo Emílio Sales Gomes alienado. Xingávamos Jean-Claude Bernardet e a crítica mineira era colocada na categoria dos reacionários e traidores do cinema brasileiro. Maurício Gomes Leite assistiu uma destas reuniões e foi dos poucos que nos fez acreditar nas possibilidades da cultura cinematográfica em Minas Gerais vir a ser, algum dia, responsável pelo desenvolvimento objetivo do nosso cinema.

Mas o que queríamos? Tudo era confuso. Quando Miguel Borges fez um manifesto, disse que nós queríamos cinema-cinema. Paulo respondeu que aquilo era como a história do menino que pediu ao pai uma bola-bola e o pai ficou sem saber o que era. Deu em briga e o movimento do cinema-cinema entrou pelos canos, com muito romantismo.

Pátio e *Caminhos* foram experiências ousadas na época. Eu voltei para a Bahia. Paulo Saraceni, Gustavo Dahl, Joaquim Pedro foram para a Europa, mas antes realizaram *Arraial do Cabo* e *Couro de Gato*.

Leon, Miguel, Marcos e outros ficaram no Rio, discutindo se um filme devia ser feito em close ou em plano geral. De toda aquela iconoclastia, somente Nelson Pereira dos Santos escapara das lanças.

O tempo passou. Quatro anos depois, Gustavo Dahl começava, da Itália, a descontrolar a burrice cinematográfica de São Paulo com artigos inéditos no Brasil, pela verdade e coragem. Jean-Claude, dando uma virada louca, mandou Bergman plantar batatas na Suécia e disse que Rossellini era o começo. Congresso de críticos: *Aruanda* estoura, Paulo Emílio toma contato com a crítica nova. Da Bahia foram Orlando Senna e Plínio Aguiar (acompanhando Walter da Silveira e Hamilton Correia); do Rio seguiram David Neves, Paulo Perdigão, Carlos Diegues — gente aparecida nas páginas de *O Metropolitano*; na Europa, *Arraial do Cabo* tira um, dois, três prêmios; *O Poeta do Castelo*, de Joaquim Pedro, faz sucesso de crítica; *Mandacaru Vermelho* substituiu *Vidas Secas* e Nelson Pereira dos Santos vem para a Bahia, quando Trigueirinho Neto já saía com *Bahia de Todos os Santos*; começa na Bahia a produção de longa metragem com *Barravento* e *A Grande Feira*. 1959-60-61 foram agitados e concretos após aquele 1958 morno, estéril nos conflitos da adolescência.

Surge *Mulheres e Milhões*. Ely Azeredo investe contra o filme de Jorge Ileli, e Paulo Saraceni, chegando da Europa, fala de Godard, Antonioni, John Cassavetes, Rossellini, Ray, Pasolini — ataca a indústria e no auge da discussão Ely Azeredo pronuncia uma palavra mágica no Brasil, embora velha em outros lados do mundo: Cinema Novo. O nome pega e dá briga. Descobrimos na luta que Alex Viany era o pai do Rio e Paulo Emílio o pai de São Paulo. Jean-Claude e Gustavo Dahl sustentaram artigos no *O Estado de S. Paulo*, enquanto eu, Sérgio Augusto, Paulo Perdigão e David Neves abríamos a polêmica em jornais importantes como *Correio da Manhã*, *Jornal do Brasil*, *O Metropolitano*.

Bienal: *Couro de Gato*, de Joaquim Pedro, faz sucesso. Polêmica, Paulo Emílio diz que o cinema brasileiro estava surgindo, *A Grande Feira* rompe bilheterias, *Mandacaru Vermelho* desperta entusiasmo da melhor crítica, Ruy Guerra parte para fazer *Os Cafajestes*, Miguel Torres para *Três Cabras de Lampião*, Carlos Diegues,

Leon, Marcos, Miguel lançam mãos em *Cinco Vezes Favela*, Paulo Saraceni se lança em dois projetos, a *Crônica da Casa Assassinada* e *Amor de Gente Moça*. Na Bahia, Rex Schindler edita Festival de Arraias e da Paraíba nos chega a notícia de que Linduarte Noronha não está parado.

Mas não é só isto. O entusiasmo injustificável, porque hoje nós sabemos os caminhos. Gustavo Dahl gritou em Santa Margherita Ligure (quando *Arraial do Cabo* tirou o grande prêmio) que nós não queremos saber de cinema. Queremos ouvir a voz do homem.

Gustavo definiu nosso pensamento. Nós não queremos Eisenstein, Rossellini, Bergman, Fellini, John Ford, ninguém. Nosso cinema é novo não por causa da nossa idade. O nosso cinema é novo como pode ser o de Alex Viany e o de Humberto Mauro, que nos deu em *Ganga Bruta* nossa raiz mais forte. Nosso cinema é novo porque o homem brasileiro é novo e a problemática do Brasil é nova e nossa luz é nova e por isto nossos filmes nascem diferentes dos cinemas da Europa. Nossa geração tem consciência: sabe o que deseja. Queremos fazer filmes anti-industriais; queremos fazer filmes de autor, quando o cineasta passa a ser um artista comprometido com os grandes problemas do seu tempo; queremos filmes de combate na hora do combate e filmes para construir no Brasil um patrimônio cultural.

Não existe na América Latina um movimento com o nosso. A técnica é *haute couture*, é frescura para a burguesia se divertir. No Brasil o Cinema Novo é uma questão de verdade e não de fotografismo. Para nós a câmera é um olho sobre o mundo, o *travelling* é um instrumento de conhecimento, a montagem não é demagogia mas pontuação do nosso ambicioso discurso sobre a realidade humana e social do Brasil! Isto é quase um manifesto.

ADE 1ª QUALIDADE
INDÚSTRIA E COMÉRCIO

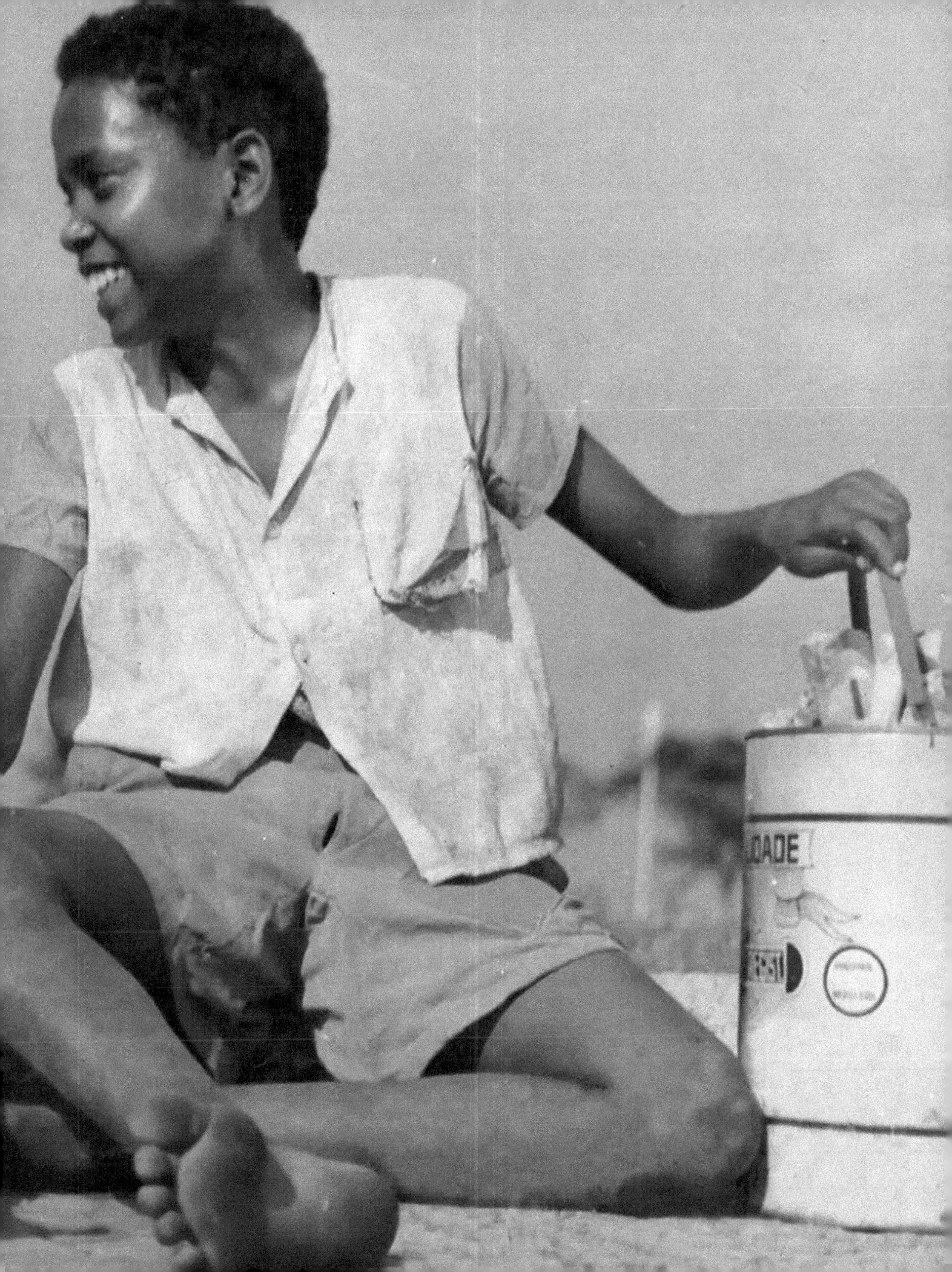
LOADE

CINEMA NOVO EM DISCUSSÃO

*Ruy Guerra, Marcos Faria,
Fernando Campos, Eduardo Coutinho,
Miguel Borges, Leon Hirszman
e Glauber Rocha*
1962

[Carlos Diegues] O chamado Cinema Novo chegou a um estágio em que se necessita discuti-lo mais profundamente. Para mim seria importante dois enfoques nesta discussão: 1) A caracterização do Cinema Novo como produção independente. 2) As consequências ou as razões disto no plano da realização. Cinema Novo deve-se caracterizar, hoje, basicamente como aquele cinema que, por ser independente, tanto do ponto de vista industrial como estético ou político, é o único que pode ser realmente um cinema livre. Creio que o Cinema Novo não pode ter regras preestabelecidas, dogmas *a priori* e imutáveis desde o ponto de vista estético e ideológico.

A única ideologia possível, a que une a todos, é a da emancipação nacional, vista, é lógico, do ponto de vista cultural e mais particularmente do Cinema Novo. Mas esta ideologia, em cada um, poderá ter raízes diferentes e ser entendida das mais diversas formas. Essas é que vão colorir as posições particulares dos diversos cineastas do Cinema Novo. Assim, será um cinema, em tudo, de denúncia: e, como tal, não poderá ser nunca um cinema vendido ao espetáculo comercial (no sentido convencional do termo), embora tenha que ser necessariamente um cinema público, isto é, um cinema popular. Um cinema que se comunique, desmistificando, que comunique denunciando, e por isso mesmo, se comunique transformando. Daí segue-se o debate.

[Ruy Guerra] Dois fatos básicos: Cinema Novo é fenômeno não tanto da feitura mas do público. Cinema Novo só passará a existir na medida em que exista um público para seus filmes; isto já implica então num estado, uma posição crítica em face do público. De início existe que para este público assista a esse Cinema Novo não em termos de chanchada, mas com funções críticas. A função do Cinema Novo é a de, através de seus filmes, dar oportunidade de crítica ao público, emocioná-lo, sem lhe tirar possibilidade de crítica. Este público deve ser atraído por um filme, através do tema que ele expõe. A partir daí, penso que a liberdade de expressão do cineasta deve ser possibilitada por uma produção independente. Independente significa dar possibilidade do cineasta dizer o que quer, da maneira que quiser. Então, evidentemente, não podemos pensar em filmes de grande custo e devemos pensar num cinema de autor, sem direção política, ideológica ou estética, mas a partir de uma opção pessoal de cada um dos cineastas. A partir desta opção ideológica, a linha ideológica ou estética do Cinema Novo aparecerá posteriormente e será passível de analise. *A priori* acho que não há necessidade de um dirigismo.

O Cinema Novo é uma posição crítica por parte dos cineastas. Não concebo filmes que informem erradamente o público sobre seus grandes problemas, um filme que aborde problemas pequenos, mesmo que seja esteticamente válido. Agora ou no futuro torna-se difícil estabelecer se ele é ou não Cinema Novo, através de sua posição estética. A função do cineasta vai ser definida pela verdade que pretende transmitir.

[Marcos Faria] Concordo com o que disseram Diegues e Ruy. Não se está discutindo aqui o que o Cinema Novo é ou vai ser, e sim aquilo que desejamos que ele seja. Discordo que deva existir uma disponibilidade ideológica, estética ou política do cineasta. O cineasta vai sempre ter uma ideologia estética, política ou filosófica. E o filme é sempre a expressão desta ideologia. É claro que nesta medida que é preciso, é conveniente que o cineasta tenha consciência dessa ideologia estética ou política. Procure fazer-se ouvir dentro de maior consciência, deste pensamento que ele tem. Caso contrário ele fará um filme confuso, do qual ele não tem o domínio completo. E o resultado para nós é o de transformar e não o problema de ser espetacular ou não. Discordo do Diegues e do Ruy, pois cinema espetacular talvez seja o que mais atinja ou transforma o público, por isso que o atinge mais ou tem uma força maior do que o cinema de caráter mais didático. E de certa forma mas racional.

[Fernando Campos] Antes de mais nada quero dizer que estou comprometido com a minha formação, com uma maneira pessoal de pensar. Há uma tendência de situar o Cinema Novo como cinema de autor. E este problema, em relação ao público diante do cinema, é o que realmente importa. Há pouco tempo, numa discussão com Paulo Emilio Sales Gomes, falou-se muito de informação e comunicação e o que eram. A mim me chocou aquela discussão, por me parecer que ela fosse possível há 50 anos atrás. Hoje isso vai ser resolvido na medida em que as ciências positivas encaram este problema de uma maneira racional de situar-se o que é realmente uma comunicação. Falar-se muito de cinema de autor para mim é uma visão subjetiva e irracional. É o estertor de uma cultura individualista que chega ao fim. Por isso me choca que muita gente confunda Cinema Novo com cinema de autor. Eu tenho a impressão que estes grandes problemas tenham que ser levados ao público da maneira mais direta e eficiente possível. Não se deve pensar em cinema de expressão subjetiva de uma individualidade, mas um cinema de representação. Hoje, todo este problema de comunicação e de informação é um problema que já vem sendo situado pelas ciências positivas. Pela semiótica, pela semântica geral, e se sabe como qual é a maneira adequada e exata para se fazer qualquer determinada mensagem seja entendida. Um destes conceitos fundamentais é o da redundância. Se diz hoje que uma comunicação é uma superposição de signos do emissor e signos do receptor. Só é possível haver comunicação na medida em que estes signos coincidem. Se diz então que a informação só pode se realizar na medida em que ela tenha uma redundância. Redundância é tudo aquilo que é comum entre o autor e o público. Se sabe também pela teoria da informação que quanto maior for uma conformação menor é a redundância. E uma informação que não tem uma redundância não se realiza. É preciso não esquecer que existe um público e que este público tem uma cultura cinematográfica boa ou má, e esta cultura de uma certa maneira é uma redundância. E o problema de alcançar este público é o de dizer não de uma maneira emotiva, uma maneira subjetiva, mas de saber respeitar este público, de saber até que ponto se pode colocar uma informação que possa atingir e dizer o que ela quer.

[Eduardo Coutinho] Em relação ao problema inicial, colocando pelo pessoal todo, eu estou de acordo. Mas depois apareceram problemas paralelos quanto a problemas de autor e produção. Se entendermos a teoria da autoria, não na interpretação alienada dos críticos franceses do *Cahiers*, é pacífico que todo filme bom é cinema de autor. Cinema de autor pode ser feito por um homem como por uma equipe. Pode ser didático e pode ser romântico. Mas não existe nada que possa caracterizar cinema de autor como a intromissão de subjetividades na comunicação com a plateia. Quanto à produção, como não existe ainda o esquema de grandes indústrias no cinema brasileiro, eu acho que é possível fazer cinema de autor dentro de produtoras médias, que existam ou venham a se formar no

Brasil. O problema da produção é secundário na caracterização do cinema de autor brasileiro.

[**Miguel Borges**] A característica principal do Cinema Novo é clara. Qualquer cinema é novo, se tiver uma consciência clara de que os problemas humanos neste momento são resultados de a sociedade estar baseada na exploração do homem pelo homem. E no choque dos dois tipos de sociedade: a que procura eliminar este tipo de exploração e a que está baseada sobre ela. Não quer dizer isto que o Cinema Novo deva ser sectário, porque a solução para este problema talvez não seja matéria de cinema, mas é indispensável que reflita esta consciência. Ele pode mas não precisar alardear, mas é necessário que esta consciência exista no fundo do filme. Para que este cinema possa surgir, é preciso que exista determinado tipo de produção, pois é muito difícil que exista uma indústria ou um grupo diretamente ligado à classe dominante que aceite financiar um tipo de cinema que vise denunciar isto. Pode surgir um filme produzido nestas condições, mas não haverá nunca possibilidade de se criar uma prática de Cinema Novo.

[**Leon Hirszman**] O que a gente tem de fazer é não cair em problemas paralelos. Acho muito importante as coisas tocadas. Mas o importante mesmo é o fundo disto tudo. Eliminamos os problemas paralelos, coloco os fundamentais. Coisas que Miguel começou a colocar é a de que a obra de arte em toda a sua história serviu ou a classe dirigentes ou à dirigida. Não há outra opção. Então o problema se coloca violentamente só nestes termos. O filme e o que define este ou outro movimento deve se definir antes de mais nada nestes termos, se é que ele quer se definir: Se ele está com a burguesia ou com a classe operária. No nosso caso mais particular, se ele está com o imperialismo e seus aliados da burguesia. Ou se está com a classe operária e seu avanço para o poder. O problema de comunicação por exemplo. Para mim não se trata apenas de ter consciência disto, mas transformar a consciência de quem não a tem. Visar o cinema visando a eficácia de levar ao poder a classe pela qual lutamos. Este é o problema. Os outros, os problemas paralelos, eu tiro desta posição.

[Glauber Rocha] Para simplificar, faço minhas palavras do Ruy Guerra e do Carlos Diegues. Acrescento que, em primeiro lugar, de agora em diante o Cinema Novo não é uma particularidade do Brasil, mas um movimento que vem desde a Índia, passando pela Europa até o Brasil, Cuba, Argentina. O Cinema Novo significa a libertação da mecânica industrial do cinema. Daí se faz o que se chama cinema de autor. O cinema de autor é dentro da história dos últimos dez anos do cinema ou a partir de 1945 esta atitude inconformista diante da máquina industrial. Concordo que no Brasil o cineasta esteja empenhado em uma perspectiva histórica e política e isto é inevitável para qualquer homem da nova geração brasileira que pensa lucidamente.

Do ponto de vista individual eu creio que o homem consciente precise se enquadrar dentro desta básica perspectiva, porque ele já está dentro deste problema. O problema está em levar tudo isto para o cinema que não só atue no movimento como sobreviva.

Daí eu ser contra um cinema colocado em esquema de teoria. O problema enquanto realização e criação artística é um problema de inteligência, violência e sensibilidade e não um problema de raciocínio, porque cinema não é sociologia ou filosofia ou qualquer outra coisa similar.

CINEMA NOVO, AMBIÇÕES, PERSPECTIVAS

Alex Vianny, Glauber Rocha
e Nelson Pereira dos Santos
1964

[Alex] Sábado, 12 de setembro. Estamos reunidos para uma discussão: Nelson Pereira dos Santos, Glauber Rocha e eu. O programinha — o que me ocorreu e acho necessário definir — é o seguinte:

1. Como nasceu, cresceu e definiu-se o movimento que chamamos de Cinema Novo. Isso com referência à conjuntura, a fatores determinantes e contribuintes, a personalidades etc.
2. Quais são os filmes que realmente podem ser classificados como Cinema Novo: por que e até que ponto?
3. Quais são os movimentos e ideias mundiais que mais influenciaram o Cinema Novo: Neorrealismo italiano? Nouvelle Vague francesa (Resnais, Godard, Truffaut e outros)? Antonioni? Cinema japonês?
4. Tem o Cinema Novo alguma característica que o defina nacionalmente, distinguindo-o dessas influências exteriores?
5. Quais são ou quais devem ser os principais propósitos do Cinema Novo?
6. O que falta ao cinema brasileiro em geral e ao Cinema Novo em particular? Quais são as principais dificuldades que encontram ainda como produtor, diretor e roteirista?
7. Até que ponto foi afetado o desenvolvimento do Cinema Novo pelos recentes acontecimentos político-militares?
8. Como vocês enfrentam a questão da censura, objetiva e subjetivamente?

Creio que isso daria uma discussão de muitas horas. Não é necessário responder a tudo: isso é apenas para dar o tom geral do que acho necessário tratar. Eu convidei vocês dois porque, em minha opinião pessoal — e creio que na opinião da maioria —, vocês são os autores dos dois melhores filmes resultantes desse movimento. E o Nelson, além de tudo, é praticamente o iniciador, é o papa ou o papai do movimento. Eu creio que o próprio Glauber faz remontar no livro dele a *Rio 40 Graus* todo o movimento que viria dar no que chamamos de Cinema Novo. Tinha convidado o Alinor Azevedo, porque me parece que ele pode ser visto como o melhor elo entre o cinema velho e o Cinema Novo, e creio que poderia dar uma contribuição muito positiva a este debate.

[Nelson] Seu elenco de questões, Alex, é da maior importância. Se possível aprofundar tudo isso, seria bom mesmo para nós, para uma verificação das opiniões que temos sobre o movimento. Para mim particularmente, porque o Glauber está acostumado a escrever; ser ao mesmo tempo o homem que faz e o homem que tira conclusões a respeito do que é feito. E, por falar em Glauber, o que significa o Cinema Novo, a expressão surgiu de uma maneira um tanto jocosa. Há quem diga que o Cinema Novo é o Glauber Rocha no Rio de Janeiro. Quando Glauber aparece no Rio, fala-se, discute-se, combate-se, funda-se, liquida-se o Cinema Novo. O Glauber fundou o Cinema Novo e uma vez escreveu um artigo para acabar com o Cinema Novo. Ele tem essa capacidade de fazer onda, de arregimentar pessoas. Houve uma época em que a ABCC — Associação Brasileira de Cronistas Cinematográficos, o Ely Azeredo, o Sérgio Augusto, o Walter Lima Jr., mais uns dois ou três — resolveu fazer uma aproximação com os diretores de cinema, no sentido de editar uma revista. Não se tratava somente de editar uma revista, mas de manter um contato permanente, semanal, para discutir cinema. Contudo, a coisa só funcionou enquanto o Glauber esteve aqui, durante um mês; depois, ele voltou para a Bahia e tudo acabou.

[Glauber] Aliás, foi nessa reunião da ABCC que nasceu o nome Cinema Novo. Um dos homens que hoje mais metem o pau no Cinema Novo, o Ely Azeredo, foi de fato quem deu o nome.

[Alex] Foi então o padrinho.

[Glauber] Ele disse até que ia fundar uma revista com o nome de *Cinema Novo*. Foi, inclusive, quem lançou o negócio nos jornais.

[Nelson] É, de fato, o autor do nome é o Ely Azeredo.

[Alex] Sobre essa questão, eu queria relembrar que, realmente, o Ely foi até apelidado de padrinho, por ter dado esse nome ao movimento. O curioso é que, depois, ele renegou seu afilhado. E eu creio que fez isso porque o afilhado não se comportou como ele queria, como padrinho, que o afilhado se comportasse. O afilhado parece que ficou com ideias muito diferentes das ideias do padrinho, adquiriu uma conotação, tomou um rumo muito diferente do que ele almejava. Nós sabemos que o Ely tem uma admiração muito grande pelo Khouri. Creio que ele estava vendo o Cinema Novo mais sob o ponto de vista formal; e quando o Cinema Novo demonstrou que estava muito mais preocupado com ideias do que com forma, ele repudiou seu afilhado. Acho que essa foi a razão.

[Glauber] Seja como for, o nome "Cinema Novo" começou a ser divulgado; e foi realmente muito útil, há uns três anos, para essa espécie de renovação que os novos diretores fizeram — menos no caso do Nelson, em particular, porque ele já havia começado sua obra e pouco dependeu do movimento para continuar seu trabalho: de fato, o movimento mais se aproveitou do Nelson do que o Nelson se aproveitou do movimento. Mas, de qualquer forma, o Nelson veio a se integrar no Cinema Novo, como o próprio Alex e outros. Se se procurasse situar o Cinema Novo historicamente, poder-se-ia dizer que é mais um problema de geração: os novos diretores que surgiram queriam fazer filmes e, por uma contigência toda especial, que ocorria pela primeira vez, puderam estabelecer algo assim como um programa comum. Numa fase anterior, isto teria sido impossível. Por exemplo: o Nelson e o Alex davam-se bem, por identidade de pontos de vistas e por terem surgido mais ou menos do mesmo ambiente. Mas esse grupo não tardou a ser dispersado pelos problemas da época. O novo grupo foi sendo formado nos clubes de cinema, no GEC, o Grupo de Estudos Cinematográficos da União Metropolitana dos Estudantes, no *Suplemento Dominical do Jornal do Brasil*, no O *Metropolitano*, jornal semanal da União Metropolitana dos Estudantes, e houve assim uma certa convergência de interesses e objetivos. Foi quando, uns cinco anos atrás, eu conheci o Paulo César Saraceni, o Leon Hirszman, o Miguel Borges, o Marcos Farias, o Joaquim Pedro de Andrade. Eram os cineclubistas que queriam fazer cinema. Foi um fenômeno mais ou menos novo no cinema brasileiro. Alguns continuaram como cineclubistas, outros foram para a crítica; mas mesmo os que estão na crítica pretendem fazer cinema, como é o caso do Walter Lima Jr., que esteve comigo em *Deus e o Diabo* e que está fazendo seu primeiro filme, *Menino de Engenho*, e outros. E foi assim que o movimento nasceu. Não me parece que alguém tenha proposto um determinado tipo de cinema. Nessa época, o Brasil já estava em pleno desenvolvimento cultural, e mesmo político, e uma porção de problemas afloravam de tal forma que todo o mundo se interessava em estudar um ou outro desses problemas de seu ponto de vista particular. A expressão Cinema Novo, aplicada inclusive a filmes de pessoas que não faziam parte do grupo — como *O Pagador de Promessas* e *O Assalto ao Trem Pagador*, por exemplo, e mesmo *Os Cafajestes*, porque o Ruy Guerra tinha vindo de fora —, foi usada e incentivada por Luiz Carlos Barreto com uma grande tática publicitária, que prestou excelentes serviços ao cinema brasileiro. Hoje, é muito difícil definir o que é uma obra de Cinema Novo. Tudo ficou sendo Cinema Novo: um rótulo acadêmico que teve uma grande função devastadora, publicitária, promocional, e que ajudou a abrir caminho para os novos diretores.

[Alex] Ainda que você siga não ter havido uma ideia central unificadora, seria interessante se nos falasse das famosas discussões, que em geral, se realizavam em botecos, bares ou esquinas e demoravam horas a fio. Sendo mais velhos, o Nelson e eu raramente tomamos parte nessas conversas. Vocês ficavam meio fechados: era um grupinho até um tanto hostil para conosco, os mais velhos. Pelo menos, vocês estavam tão enredados num determinado tipo de discussão que não tinham tempo para nós.

[Glauber] Evidentemente, na época, 1959, 1960... Quando foi mesmo que saiu *Rio, Zona Norte*, Nelson?

[Nelson] 1958.

[Glauber] Esse grupo do Cinema Novo começou a se reunir depois de *Rio, Zona Norte*. Foi quando o Gerson Tavares, o Joaquim Pedro e o Sérgio Montanha fizeram uma sociedade que participava do escritório do Nelson. Foi quando Paulo César fez um filme, *Caminhos*, e o Leon, o Miguel e o Marcos estavam fazendo um filme sobre funcionários públicos, que também não foi terminado; e o Joaquim tinha feito um filmezinho curto, com o Saulo, que nunca mostrou a ninguém.

[Alex] Qual era a maior influência desses filmes?

[Glauber] Era muito complicado; era um negócio muito dividido. O Joaquim vivia muito metido com Mário Peixoto; o Saulo Pereira de Mello e o Plínio Sussekind Rocha também, e tinham ideias de cinema de *avant-garde* na cabeça. O Leon só falava em Eisenstein.

[Alex] E um pouquinho de Kurosawa.

[Glauber] Sabia todas as regras de Eisenstein de cor.

[Alex] Sabia o *Bronienosets Potemkin / O encouraçado Potemkin* (1925) de cor.

[Glauber] Quando conheci Paulo César no Alcazar, ele chegou à mesa — eu estava conversando com o Carlos Peres, o Miguel Borges e com o Claudio Buenos Rocha — e cumprimentou a gente: ficamos todos frios. Ele perdeu a graça, foi saindo, e o Miguel disse assim: "Não fala com esse cara não, que ele gosta de Fellini. É um boçal." Havia muita briga, muita discussão. Eu gostava do neorrealismo italiano. Era um negócio meio confuso. Eu me lembro: uma vez escrevi um artigo complicadíssimo no *Jornal do Brasil* sobre O Visconti, sobre *Senso / Sedução da carne* (1954) — era um artigo formalista, que o Nelson leu e esculhambou. Naquela época, fiquei chateado. Achava que o Nelson não se interessava por estética cinematográfica. Não entendi a coisa, pois o Nelson havia me falado que gostava do Visconti e esculhambou um artigo que escrevi sobre ele. Era esse tipo de papo que existia, e que me influenciou muito. Pelos outros não posso falar, mas, do meu ponto de vista pessoal, tive duas experiências muito importantes que serviram para definir melhor minhas ideias: uma foi teórica e a outra foi prática. A teórica veio com a viagem que o Joaquim Pedro, o Paulo César e Gustavo Dahl fizeram à França e à Itália, para estudar. O contato com a Europa modificou muito as ideias deles: começaram a ver o Brasil de outra perspectiva; amadaruceram e mandaram muitas cartas. Era mais ou menos a época em que começava a surgir a Nouvelle Vague, a época do filme do autor, e eles adquiriram uma visão mais ampla do cinema do que a que tínhamos aqui, que era uma visão puramente cineclubistas. Essa foi a parte teórica. A parte prática veio quando montei *Barravento* com Nelson. Foi quando eu tive um contato mais íntimo com o Nelson no plano profissional, no plano mesmo de domínio da linguagem cinematográfica. Porque o *Barravento*, quando veio lá da Bahia, eu nem queria montar. Levei um ano sem me atrever a montá-lo. Foi o Nelson quem me convenceu a montá-lo. O Nelson, aliás, montou o filme quase de graça, ganhou 150 contos que recebeu aos pedaços e ficou lá, montando o filme. E o filme foi praticamente reconstruindo na montagem. Foi um grande experiência para mim e eu acho que, de certa forma, para o Nelson também. Dizem as más línguas por aí que o Nelson fez de *Barravento* uma grande cobaia... Lembro-me inclusive do dia em que íamos montar a cena da luta, você perguntou: "Vamos montar... Você gosta daquele Godard? Vamos montar tudo fora de continuidade? Lembra-se?" A montagem da tempestade também foi resolvida assim. Era um negócio levado sempre com muita brincadeira, mas que serviu para definir uma série de ideias práticas.

Para o resto do pessoal, o que eu acho que modificou muito foi a experiência de *Cinco Vezes Favela*, à exceção do Cacá e do David, que haviam surgido muito depois dos outros, na época do *O Metropolitano*. Pois já há um segundo grupo: Cacá, David, o Jabor, o Luís Alberto Sanz, o Sérgio Augusto, o Sérgio Sanz. Todo esse pessoal, que hoje é assistente de direção e tudo isso, Fernando Duarte e Affonso Henriques Beato, que fazem fotografia, essa turma toda já vem da época do *O Metropolitano*, já é uma segunda geração do Cinema Novo, já é uma outra turma, muito mais nova. Já há uma terceira aparecendo aí: Eduardo Escorel, Gilberto Macedo, Luís Fernando Goulart, Luís Carlos Saldanha e o Leopoldo Serran. Vai havendo uma depuração: há uns que somem. Essa turma já é a turma surgida do curso do Arne Sucksdorff, foi a depuração do curso. É ainda uma turma em formação. Há os que já são profissionais, ou estão em fase de profissionalização, e há outros surgindo, e todos nesse espírito de Cinema Novo. Cinema Novo virou uma coisa que todo mundo usa.

[Nelson] Isso é muito importante, porque mesmo eu, que mantive alguma convivência com você, sempre tive uma certa curiosidade para saber o que vocês pensavam realmente, como é que foi a formação. Eu antes falei a respeito do que era episódio no Cinema Novo, liguei a coisa muito à personalidade do Glauber, mas, embora tenha falado em tom de brincadeira, tem lá seu fundo de verdade. O que a gente pode ver hoje — vamos pôr o Cinema Novo na mesa para ver qual foi o principal resultado do Cinema Novo — esse resultado foi o seguinte: a afirmação cultural do cinema brasileiro. Aquela frase do Deputado Evaldo Pinto, "o cinema brasileiro não é mais uma atividade divorciada das demais atividades culturais de nível mais alto do país", é uma verdade absoluta. O Cinema Novo conseguiu transformar o cinema brasileiro, ou melhor, deu ao cinema brasileiro essa categoria de expressão de nossa cultura. Hoje, o diretor de cinema está no mesmo pé de qualquer outro intelectual ativo, integrado no processo cultural brasileiro, o que não acontecia antigamente, ou mesmo dez anos atrás. É por isso que o Glauber tem razão em ligar o Cinema Novo, o que aconteceu com o Cinema Novo, a uma porção de outros movimentos anteriores. Este é, aliás, o segundo movimento do qual participo: o primeiro, que iniciamos nos primeiros anos da década de 1950, foi um movimento de crítica à situação objetiva de nosso cinema, à dependência do mercado brasileiro à importação indiscriminada do produto estrangeiro, a dependência do diretor brasileiro à mentalidade cinematográfica imperante em Hollywood e outros grandes centros de produção. Eu me lembro, Alex, de nosso tempo de congressos de cinema, aqui no Rio e em São Paulo, daquele esforço, daquela busca para fazer com que o cinema passasse a ser considerado e cumprisse a missão de ser mais uma expressão da cultura brasileira, deixando de ser simplesmente imitação do produto industrial de uma porção de outros países. Sabíamos que era necessário colocar o cinema em adequação com a realidade do Brasil. O Cinema Novo conseguiu reunir à realização (um momento em que houve uma produção cinematográfica com essa orientação), uma teoria intimamente relacionada com essa produção. Foi a primeira vez na história do cinema brasileiro em que se deu essa relação entre uma posição crítica e teórica e a realização cinematográfica. Em nosso tempo de congressos tínhamos uma posição crítica muito semelhante à do Cinema Novo, mas não tínhamos uma produção. Éramos marginais, naquela época, e nem sequer encontrávamos ambiente para tentar provar que o cinema devia ir ao encontro de nossa cultura. Um outro dado do Cinema Novo é o conhecimento objetivo do negócio cinematográfico, da realidade da cinematografia — como se dá a coisa na produção, na exibição, na distribuição — o que fez com que o Cinema Novo encontrasse um sistema adequado à realidade: o sistema da produção independente. No tempo da Vera Cruz, quem falasse em produção independente estava cometendo uma grande heresia, porque cinema só poderia ser feito na base do grande estúdio, da grande indústria, na base da vedete. A mentalidade do cinema brasileiro naquela época era exatamente essa.

[**Alex**] Aliás, Nelson, você há de estar lembrando que nós tivemos uma vez uma briga por causa de você ser paulista e eu carioca — uma burocracia tremenda, mas fizemos isso... Hoje, em São Paulo, muito mais do que aqui, permaneceu essa mentalidade da grande produção, a mentalidade Vera Cruz.

[**Nelson**] Que estragou uma geração... Mas, voltando à coisa, eu acho perfeitamente justa essa análise. O Cinema Novo é prolongamento, uma manifestação mais completa de todo um desejo, de toda uma aspiração de vários momentos de cineastas no Brasil. Eu participei de dois movimentos: o movimento daquele tempo, um movimento de crítica à situação objetiva do cinema: a dependência do mercado brasileiro à importação, ao produtor estrangeiro, e a dependência do diretor brasileiro à mentalidade cinematográfica imperante em Hollywood e nos maiores centros de produção etc. Segundo ouvi certa vez do Alinor Azavedo e do Arnaldo de Farias, a fundação da Atlântida teve por base uma esperança de transformar o cinema brasileiro em alguma coisa válida do ponto de vista cultural também. Outro fundador da Atlântida, Moaxir Fenelon, dizia que o cinema tinha de ser feito de pé no chão. Mas ele não o fazia: fazia, isto sim, aquelas comédias musicais. Mas já recebia uma pressão muito forte do que era culturalmente válido na época, principalmente a literatura do Nordeste, especialmente a do Jorge Amado.

[**Glauber**] Eu queria fazer um parêntese... Sobre o que você está dizendo, queria lembrar o seguinte: isso não ocorria apenas no plano de realização, mas também no plano da crítica. Se hoje você for ler artigos daquela época, verá que quase toda a crítica cinematográfica também era marginal. Tratava de cinema sem ter vinculação com a cultura brasileira. Somente o Alex, o Paulo Emílio, o Almeida Salles, o Walter da Silveira, o Ciro Siqueira e o Salviano Cavalcanti de Paiva eram críticos de cinema que tinham uma participação intelectual na vida do país: estavam ligados a outros movimentos intelectuais. Deve ter escapado algum nome, com certeza, mas os outros críticos de cinema do Brasil eram também marginais, tratavam exclusivamente de cinema. Lembro-me de um artigo que o Alex escreveu em Leitura, na época do *Orphée Noir / Orfeu do Carnaval* (1959). Rubem Braga havia escrito uma crítica em que desancava o cinema brasileiro, como se os cineastas nativos fossem uns marginais, uns insignificantes, e falava da importância de Marcel Camus. O Alex respondeu na *Leitura* com um artigo que refletia todo esse problema. Realmente, o cinema brasileiro viveu essa angústia de marginalismo intelectual durante anos e anos, e só de três anos para cá se afirmou como parte integrante de nossa cultura, expressão viva dessa cultura.

[Alex] Aliás, é sempre bom lembrar que a cultura brasileira em geral — o que se chama de cultura no sentido científico — é muito recente, muito nova. E nós vemos o seguinte: na literatura, por exemplo, vamos encontrar, no século passado, *Memórias de um Sargento de Milícias*, de Manuel Antônio de Almeida, como uma legítima tentativa de captação de tipos, de linguagem do povo etc. Mas, no geral, o que acontece no Brasil é que a cultura — no sentido pernóstico ou aristocrático da palavra — tem estado sempre muito divorciada do povo que se ia definindo como povo e construindo sua própria cultura. A regra, na literatura romântica e mesmo nas experiências de naturalismo, era a idealização dos personagens, com diálogos pomposos, segundo moldes estrangeiros: uma coisa que não refletia nosso povo. *Memórias de um Sargento de Milícias* é uma exceção, como exceções foram, no teatro, as peças de Martins Pena.
Já em nosso século, vamos encontrar Lima Barreto como um notável fixador do comportamento de nosso povo, daquele momento histórico, daquele momento social, como uma dialogação em que se pode sentir, hoje, a verdadeira maneira de falar da gente daquela época. Mas isso, repito, é excepcional. A literatura realista, social e politicamente motivada, a literatura de fixação de tipos populares, de fixação da maneira de falar no Brasil, é — vamos reconhecer — coisa quase de nossa geração. No teatro, até 1920, mais ou menos, a prosódia predominante era a portuguesa. Quem acabou com isso de vez foi Oduvaldo Viana, por volta de 1920 — e vejam que isso é muito recente. Foi quando se deixou de falar à ma-

neira de Portugal. Foi Oduvaldo Viana, com sua companhia, quem rompeu com essas coisa: botou o pessoal a falar à maneira do Brasil.

No cinema brasileiro, que acontecia? No cinema silencioso, havia a mesma distância. Vi há pouco as fotografias de um filme de 1925, *O Dever de Amar*, cuja história se desenrolava numa fazenda. Bolas! Se era desenrolada numa fazenda, esperava-se que o pessoal se vestisse pelo menos à vontade. Mas não: todo o mundo, está de chapéu, de polainas, como se desfilasse pelo Champs Elysées. Um filme de 1918, *Zero Treze*, de Luís de Barros, descreve um fazendeiro como simpático e os colonos revoltados como tratantes: essa descrição, que colhi num velho programa de cinema, deve refletir o tom da fita. É o problema social reduzido aos preconceitos da classe dominante, tal como visto por um cineasta da época. No cinema falado, nos filmes pseudossérios, a dialogação era sempre pomposa e falsa, também como aquela atitude aristocrática em relação à cultura. Enfim, falava-se uma linguagem não existente. E chegou-se então a dizer: primeiro, que a língua brasileira, a língua falada no Brasil, não servia para o cinema, não se adaptava ao cinema, e isso era voz corrente; e segundo, que o brasileiro simplesmente não dava para cinema. E todo mundo aceitava isso. É muito importante que o recordemos e não falo de um passado remoto; falo da década de 1940 e mesmo do princípio da década de 1950.

Ainda restam uns resquícios dessa mentalidade de colono, mas, graças, a todo esse movimento — a partir de Nelson Pereira dos Santos e vindo até hoje, com o Cinema Novo —, a coisa já mudou muito. Hoje, temos um respeito pelo cinema que não existia nessa época tão recente. Eu levo esta linha de especulação até o seguinte ponto: a chanchada é sempre espinafrada, mas a chanchada, creio eu, foi a primeira tentativa legítima de captação de tipos e de maneira de falar do povo, que houve em nosso cinema. Sabemos todos que a chanchada não se realizou: não há talvez uma só que seja boa, que possa hoje ser vista como um momento importante; mas há trechos válidos de chanchada e essa contribuição que não deve ser subestimada. É um rumo que pode ser retomado amanhã.

[Nelson] Você se referiu ao exemplo de teatro. Quero lembrar que, mesmo na época em que a prosódia portuguesa predominava em nosso teatro, já existia o teatro de revista, que tinha íntima relação com o povo. Um nível mais baixo de espetáculo, uma procura fácil de público, mas, do ponto de vista cultural — no sentido científico —, era o que funcionava mais. Da mesma maneira, a chanchada funcionou, isto é, realizou esse trabalho de comunicação cultural, de usar o cinema pelo menos para isso, para comunicar e para divulgar a língua viva e os tipos populares das grandes cidades.

[**Alex**] Veja só, uma coisa que sempre me fascinou: eu me lembro bem de uma crônica do Humberto de Campos sobre o primeiro filme que ele viu, em 1903, em Parnaíba, no Piauí. Ele fala do choque que teve com o filmezinho levado por um ambulante: tinha uma coisa de guerra — e ele de repente jogado naquilo. O cinema chega ao Brasil: o que acontecia? Analfabetismo maior que o de hoje, o cinema passou a ser a principal fonte de informações para um grande número de brasileiros. Uma vez estava filmando no interior de São Paulo e conversei com um caipira que tinha vindo até a cidade para ver o tal do cinema. Passava um filme sobre a Broadway, e ele era um homem que não tinha nada que ver com aquilo, quase nem vinha à cidade. Para um povo na maioria analfabeto, o cinema passou a ser o mundo moderno. E para quem fazia filmes também, o cinema que chegava aqui, os filmes de aventura, os filmes românticos, eram a principal informação, o mundo moderno, e eles copiavam tudo.

Aitaré da Praia, de Gentil Roiz, feito em Pernambuco, anos 1920, história de um jangadeiro, com atores em geral improvisados, todos maquiados, todos falsos, naquele cenário natural das praias próximas a Recife. Nenhum jangadeiro de verdade no filme. Num certo momento, uns músicos negros — mas são brancos de cara pintada, como nos filmes norte-americanos. Nossos filmes imitavam até isso, até o preconceito racial dos norte-americanos. Por isso mesmo é que Oscarito e Grande Otelo foram os primeiros grandes nomes de bilheteria: o povo via na tela uma coisa com que podia se identificar. Havia comunicação entre a tela e o público, de uma maneira insuficiente — não por causa deles, que são ambos bons atores, mas por causa das deficiências das histórias, do tratamento pobre, da produção pobre etc. — comunicação de maneira insuficiente, mas havia. Isso aconteceu pela primeira vez na chanchada. Isso tem de ser reconhecido e estudado.

[Glauber] Eu acho muito boa essas exposições que vocês fizeram porque esclarecerem pontos históricos. Realmente, foi somente o teatro de nosso século (de 1920 para cá) e a chanchada que começaram a fazer isso, e o Cinema Novo surgiu com sua força cultural no momento exato em que a chamada cultura popular se definiu melhor. Embora tenhamos alguns filmes válidos em nosso passado — inclusive dois filmes cariocas importantes, *Agulha no Palheiro* e *Rio 40 graus*, um depois do outro, os primeiros com uma visão séria, em termos culturalmente dramáticos, da realidade cotidiana —, antes de surgir o Cinema Novo, surgiu o movimento de renovação do teatro brasileiro com o Teatro de Arena, dentro daquela consciência nacional que começou a tomar forma nos últimos anos de Getúlio Vargas e que minha geração conheceu nos turbulentos governos subsequentes de Juscelino, Jânio e Jango. Muitos são os fatos, instituições, tendências e pessoas que contribuíram para nossa tomada de consciência: a própria revolução da imprensa carioca, com a reforma do *Diário Carioca*, as inovações de *Última Hora*, a nova fase do *Jornal do Brasil*, ajudou a arejar muita coisa e foi influenciar diretamente o pessoal de cinema. E o Cinema Novo veio, assim, no momento exato. Não aconteceu ao acaso: está ligado não só às próprias tentativas do cinema como também a todos os movimentos de cultura popular, tudo isso. O Cinema Novo surgiu disso, sofrendo influências disso e procurando contribuir para isso. Eu acho muito importante tal verificação: para mim, se tudo isso não houvesse acontecido no Brasil, não haveria esse sentido de grupo, esse pensamento de conjunto. Foi justamente nessa época que o Brasil passou a pensar também em termos mais definidos: os problemas de nacionalismo foram encarados quase numa tentativa de sistematizar os problemas da cultura brasileira, da cultura popular, os problemas da arte em geral. O próprio movimento concretista também foi importante. Depois do modernismo, o concretismo foi o primeiro movimento estético, artístico, no Brasil, a surgir com ares polêmicos. Enfim, tudo isso influenciou.

[Alex] Eu queria voltar um pouco e lembrar um fato curioso. Um depoimento. Humberto Mauro, em 1934, fez *Favela de Meus Amores*. A história era muito falsa. Vi o filme naquela época. Parece que está perdido. Na época, impressionei-me muito com a fita. O filme foi feito na favela, e tinha toda uma antecipação do que viria a ser chamado de neorrealismo. E o Mauro, em 1937 ou 1938, foi como representante do Brasil ao Festival de Veneza. Neste festival, os italianos mostraram seu maior filme daquela época, *Scipione l'Africano / Cipião o Africano* (1937), de Carmine Gallone, superprodução fascista, com todos os macetes do gênero — que, aliás, continua a ser cultivado, sem o fascismo, mas com toda aquela grandiloquência, aquela coisa toda, na Itália de hoje. O Mauro, então, perguntou aos italianos por que não botavam o povo italiano na tela. E falou do filme feito aqui no Brasil, um filme lá em cima, no morro, tentando captar um ambiente de miséria. E isso muito antes do neorrealismo. Dou esse depoimento porque acho que essas coisas não devem ser esquecidas. O Mauro é muito importante, como sabemos.

[Nelson] Voltando à colaboração da teoria com a realização, isto é, a junção das duas coisas para tornar o movimento válido e vitorioso, quero lembrar uma outra estratégia. Não se tratou somente de usar o título Cinema Novo para efeito promocional. Tivemos a estratégia da aplicação da política dos autores. Importante também ver como essa política foi aplicado aqui. Essa política, como se sabe, foi lançada na França. Mas não há qualquer semelhança ou mesmo possibilidade de comparação entre a situação do cinema francês e a situação do cinema brasileiro. Na França, a aplicação da política dos autores foi justíssima, para romper com uma estagnação, não só do ponto de vista artístico — que é fácil de romper em qualquer momento, desde que haja um grupo, uma proposta nova etc. — mas fundamentalmente romper com a estagnação industrial e profissional. Essa política de autores, na França, foi usada para desmistificar a profissão cinematográfica, que lá tinha entrado num regime quase corporativo, quase medieval, em virtude mesmo da concorrência, da grande oferta de mão de obra. Esse regime corporativo significava o seguinte: o candidato a cineasta tinha de passar por uma série de provas, tinha de ter curso disto e daquilo, tinha de ser assistente para poder, então, dirigir um filme. Ora, isso fazia com que o sujeito chegasse aos 35 anos sem sair do aprendizado, para então, com muita sorte...

[Alex] No Japão era pior ainda. Para chegar à direção, o candidato tinha de servir como assistente um mínimo de sete anos.

[**Nelson**] A política dos autores serviu para romper com isso. E também para romper — mas isso ainda não foi totalmente obtido — com os compromissos sindicais. Para fazer um filme, o diretor tinha de aceitar uma equipe de no mínimo 60 pessoas.

[**Alex**] Na Argentina ainda são 35 pessoas numa equipe.

[**Nelson**] Um jovem diretor, com ideias novas, com equipamento moderno, não necessita de tudo isso. Foi por tudo isso que a revista *Cahier du Cinéma* e mais uma grande parte da crítica francesa e os jovens diretores, realizaram, com muita felicidade, a política dos autores. O importante, para um autor de filme, é saber o que quer dizer: ele não precisa conhecer objetivas, nem densidade de filme, nem sensibilidade, nem banho, nem não-sei-o-quê, não precisa saber nada daquela série de problemas que eram acrescentados ao trabalho de direção para impedir que aparecessem mais diretores. Era uma mistificação da profissão. O importante é o sujeito saber o que quer. Em função disso, ele comandará uma equipe: vai procurar tirar o resultado necessário, desejado, dessa equipe e do equipamento à disposição dele. Por isso é que o cinema é feito por várias pessoas, vários elementos que contribuem ou tecnicamente ou artisticamente, dentro de campos delimitados, para a consecução dos objetivos do diretor. Aqui no Brasil, curiosamente, os autores sempre tiveram, em tese, a máxima liberdade; não tinham, nunca tiveram, diante deles, essa estrutura legal, industrial, sindical.

[**Glauber**] Aliás, eu acho que esse é um fato inédito no mundo.

[**Nelson**] Se levarmos em conta a capacidade do mercado brasileiro, é inédito, realmente. Tomando em consideração o número de salas e a frequência de espectadores, nosso mercado é mais do que promissor para nosso cinema.

[**Alex**] Mas pode render muito mais, Nelson. Um pequeno exemplo, para facilitar a comparação: temos aqui, no Brasil, no momento, cerca de quatro mil sala, e estamos produzindo uns 30 filmes por ano; as Filipinas têm menos de setecentas sala e produziram, em 1963, nada menos de cento e quarenta e cinco filmes.

[Nelson] O dado mais importante para uma cinematografia nacional é o mercado com qual ela conta dentro de seu território ou dentro de seu complexo cultural. O número de espectadores por ano no Brasil é de 320 milhões, três vezes a população estimada. A aplicação da política dos autores onde não havia o obstáculos da estagnação da indústria nem o das imposições corporativas foi muito justa, muito bem lançada. Serviu para colocar o diretor de cinema, o realizador cinematográfico que antes era apenas um chefe de equipe, um técnico de maior gabarito, numa posição igual à do escritor, do pintor, do músico. Ele tem alguma coisa a dizer, ele consegue observar nossa realidade de uma maneira peculiar. É importante, então, que ele possa transmitir o resultado de suas observações, sua visão dessa realidade. Também aqui a política dos autores conseguiu uma transformação: o resultado do filme depende de quem o faz e não do filme em si, valorizando consequentemente a posição do realizador. E também veio ao encontro de uma tradição brasileira de realização autoral em todos os sentidos, a realização autoral total. Na verdade, o diretor brasileiro é o homem que inventa o produtor, inventa os autores, inventa a história e vai ser distribuidor também, vai ser publicista do próprio filme. Na medida em que participa do seu filme, de toda a sua trajetória é bem brasileira.

[Alex] Como você próprio sugeriu, Nelson, é sempre necessário levar em consideração a época, a conjuntura. Mário Peixoto e Humberto Mauro não avançaram mais, não porque não quiseram avançar. Não havia ambiente. Eles nem sequer sabiam até onde poderiam ir. É realmente uma questão de caldo de cultura, de época. Se o Cinema Novo surgiu num determinado momento, não surgiu no vácuo, como bem disse o Glauber: surgiu dentro de todo um movimento de ascensão cultural e política.

[Nelson] Exato. E é uma coisa realmente fabulosa a adequação entre a política de autores e a realidade brasileira. A necessidade da produção independente, já que todas as tentativas de produção industrial, tipo Hollywood falharam. Essa foi outra importante contribuição do Cinema Novo.

[Alex] E para encerrar — e não encerrar — o papo: acho que um problema que nós não podemos esquecer é o problema de comunicação com as plateias.

ESTÉTICA
DA
FOME

Glauber Rocha
1965

Tese apresentada durante as discussões em torno do cinema novo, por ocasião da retrospectiva realizada na V Rassegna Del Cinema Latino-Americano, em Gênova, janeiro de 1965, sob o patrocínio do Columbianum. O Tema proposto pelo secretário Aldo Viganò foi Cinema Novo e cinema mundial. Contingências forçaram a modificação: o paternalismo do europeu em relação ao Terceiro Mundo foi principal motivo da mudança de tom.

Dispensado a introdução informativa que se transformou na característica geral das discussões sobre América Latina, prefiro situar as reações entre nossa cultura e cultura civilizada em termos menos reduzidos do que aqueles que também caracterizam a análise do observador europeu. Assim, enquanto a América Latina lamenta suas misérias gerais, o interlocutor estrangeiro cultiva o sabor dessa miséria, não como sintoma trágico, mas apenas como dado formal em seu campo de interesse. Nem o latino comunica sua verdadeira miséria ao homem civilizado nem o homem civilizado compreende verdadeiramente a miséria do latino. Eis — fundamentalmente — a situação das Artes no Brasil diante do mundo: até hoje, somente mentiras elaboradas da verdade (os exotismos formais que julgariam problemas sociais) conseguiram se comunicar em termos quantitativos, provocando uma série de equívocos que não terminam nos limites da Arte mas contaminam sobretudo o terreno geral político.

Para o observador europeu, os processos de criação artística do mundo subdesenvolvido só o interessam na medida que satisfazem sua nostalgia do primitivismo; e este primitivismo se apresenta híbrido, disfarçado sob tardias heranças do mundo civilizado, mal compreendidas porque impostas pelo condicionamento colonialista.

A América Latina permanece colônia e o que diferencia o colonialismo de ontem do atual é apenas a forma mais aprimorada do colonizador: e além dos colonizadores de fato, as formas sutis daqueles que também sobre nós armam futuros botes.

O problema internacional da América Latina é ainda um caso de mudança de colonizadores, sendo que uma libertação possível estará ainda por muito tempo em função de uma nova dependência.

Este condicionamento econômico e político nos levou ao raquitismo filosófico e à impotência, que, às vezes inconsciente, às vezes não, geram no primeiro caso a esterilidade e no segundo a histeria.

A esterilidade: aquelas obras encontradas fartamente em nossas artes, onde o autor se castra em exercícios formais que, todavia, não atingem a plena possessão de suas formas. O sonho frustrado da universalização: artistas que não despertam do ideal estético adolescente. Assim, vemos centenas de quadros nas galerias, empoeiradas e esquecidos; livros de contos e poemas; peças teatrais, filmes (que, sobretudo em São Paulo, provocaram inclusive falências)... O mundo oficial encarregado das artes gerou exposições carnavalescas em vários festivais e bienais, conferências fabricadas, fórmulas fáceis de sucesso, coquetéis em várias partes do mundo, além de alguns monstros oficiais da cultura, acadêmicos de Letras e Artes, júris de pintura e marchas culturais pelo país afora. Monstruosidades universitárias: as famosas revistas literárias, os concursos, os títulos.

A histeria: um capítulo mais complexo. A indignação social provoca discursos flamejantes. O primeiro sintoma é o anarquismo que marca a poesia jovem até hoje (e a pintura). O segundo é uma redução política da arte que faz má política por excesso de sectarismo. O terceiro, e mais eficaz, é a procura de uma sistematização para a arte popular. Mas o engano de tudo isso é que nosso possível equilíbrio não resulta de um corpo orgânico, mas de um titânico a autodevastador esforço no sentido de superar a impotência, e, no resultado desta operação a fórceps, nós nos vemos frustrados, apenas nos limites inferiores do colonizador: e se ele nos compreende, então, não é pela lucidez de nosso diálogo mas pelo humanitarismo que nossa informação lhe inspira. Mais uma vez o paternalismo é o método de compreensão para uma linguagem de lágrimas ou de mudo sofrimento.

A fome latina, por isto, não é somente alarmante: é o nervo de sua própria sociedade. Aí reside a trágica originalidade do Cinema Novo diante do cinema mundial: nossa originalidade é nossa fome e nossa maior miséria é que esta fome, sendo sentida, não é compreendida.

De *Aruanda* a *Vidas Secas*, o Cinema Novo descreveu, poetizou, discursou, analisou, excitou os temas da fome: personagens comendo terra, personagens comendo raízes, personagens roubando para comer, personagens matando para comer, personagens fugindo para comer, personagens sujas, feias, descarnadas, morando em casas sujas, feias, escuras; foi esta galeria de famintos que identificou o Cinema Novo com o miserabilismo tão condenado pelo Governo, pela

crítica a serviço dos interesses antinacionais, pelos produtores e pelo público —
este último não suportando as imagens da própria miséria. Este miserabilismo
do Cinema Novo opõe-se à tendência do digestivo, preconizado pelo crítico-mor
da Guanabara, Carlos Lacerda: filmes de gente rica, em casas bonitas, andando
em automóveis de luxo; filme alegres, cômicos, rápidos, sem mensagens, de objetivos puramente industriais. Esses são os filmes que se opõem à fome, como
se, na estufa e nos apartamentos de luxo, os cineastas pudessem esconder a miséria moral de uma burguesia indefinida e frágil ou se mesmo os próprios materiais técnicos e cenográficos pudessem esconder a fome que está enraizada na
própria incivilização. Como se, sobretudo, neste aparato de paisagens tropicais,
pudesse ser disfarçada a indigência mental dos cineastas que fazem esse tipo de
filme. O que fez do Cinema Novo um fenômeno de importância internacional
foi justamente seu alto nível de compromisso com a verdade. Foi seu próprio
miserabilismo, que, antes escrito pela literatura de 1930, foi agora fotografado
pelo cinema de 1960; e, se antes era escrito como denúncia social, hoje passou a
ser discutido como problema político. Os próprios estágios do miserabilismo em
nosso cinema são internamente evolutivos. Assim, como observa Gustavo Dahl,
vai desde o fenomenológico (*Portas das Caixas*), ao social (*Vidas Secas*), ao político (*Deus e o Diabo*), ao poético (*Ganga Zumba, Rei dos Palmares*), ao demagógico
(*Cinco Vezes Favela*), ao experimental (*Sol Sobre a Lama*), ao documental (*Garrincha, Alegria do Povo*), à comédia (*Os Mendigos*), experiências em vários sentidos,
frustradas umas, realizadas outras, mas todas compondo, no final de três anos,
uma quadro histórico que, não por acaso, vai caracterizar o período Jânio-Jango:
o período das grandes crises de consciência e de rebeldia, de agitação e revolução
que culminou no Golpe de Abril. E foi a partir de Abril que a tese do cinema digestivo ganhou peso no Brasil, ameaçando, sistematicamente, o Cinema Novo.
Nós compreendemos esta fome que o europeu e o brasileiro na maioria não en-
tende. Para o europeu é um estranho surrealismo tropical. Para o brasileiro é uma
vergonha nacional. Ele não come mas tem vergonha de dizer isto; e, sobretudo,
não sabe de onde vem esta fome. Sabemos nós — que fizemos estes filmes feios
e tristes, estes filmes gritados e desesperados onde nem sempre a razão falou
mais alto — que a fome não será curada pelos planejamentos de gabinete e que
os remendos do tecnicolor não escondem mas agravam seus tumores. Assim, so-

mente uma cultura da fome, minando suas próprias estruturas, pode superar-se qualitativamente: e a mais nobre manifestação cultural da fome é a violência.

A mendicância, tradição que se implantou com a redentora piedade colonialista, tem sido uma das causadoras de mistificação política e da ufanista mentira cultural: os relatórios oficiais da fome pedem dinheiro aos países colonialistas com o fito de construir escolas sem criar professores, de construir casas sem dar trabalho, de ensinar o ofício sem ensinar o alfabeto. A diplomacia pede, os economistas pedem, a política pede; o Cinema Novo, no campo internacional, nada pediu: impôs-se a violência de suas imagens e sons em 22 festivais internacionais. Pelo Cinema Novo: o comportamento exato de um faminto é a violência, e a violência de um faminto não é primitivismo. Fabiano é primitivo? Antão é primitivo? Corisco é primitivo? A mulher de *Porto das Caixas* é primitiva?

Do Cinema Novo: uma estética da violência antes de ser primitiva é revolucionária, eis aí o ponto inicial para que o colonizador compreenda a existência do colonizado; somente conscientizando sua possibilidade única, a violência, o colonizador pode compreender, pelo horror, a força da cultura que ele explora. Enquanto não ergue as armas o colonizado é um escravo: foi preciso um primeiro policial morto para que o francês percebesse um argelino.

De uma moral: essa violência, contudo, não está incorporada ao ódio, como também não diríamos que está ligada ao velho humanismo colonizador. O amor que esta violência encerra é tão brutal quanto a própria violência, porque não é um amor de complacência ou de contemplação, mas um amor de ação e transformação.

O Cinema Novo, por isto, não faz melodramas: as mulheres do Cinema Novo sempre foram seres em busca de uma saída possível para o amor, dada a impossibilidade de amar com fome: a mulher protótipo, a de *Porto das Caixas*, mata o marido; a Dandara de *Ganga Zumba* foge de guerra para um amor romântico; Sinhá Vitória sonha com novos tempos para os filhos; Rosa vai ao crime para salvar Manuel e amá-lo em outras circunstâncias; a moça do padre precisa romper a batina para ganhar um novo homem; a mulher de *O Desafio* rompe com o amante porque prefere ficar fiel ao seu mundo burguês; a mulher em *São Paulo S.A.* quer a segurança do amor pequeno-burguês e para isto tentará reduzir a vida do marido a um sistema medíocre.

Já passou o tempo em que o Cinema Novo precisava explicar-se para existir: o Cinema Novo necessita processar-se para que se explique à medida que nossa realidade seja mais discernível à luz de pensamentos que não estejam debilitados ou delirantes pela fome. O Cinema Novo não pode desenvolver-se efetivamente enquanto permanecer marginal ao processo econômico e cultural do continente latino-americano; além do mais, porque o Cinema Novo é um fenômeno dos povos colonizados e na uma entidade privilegiada do Brasil: onde houver um cineasta disposto a filmar a verdade e enfrentar os padrões hipócritas e policialescos da censura, aí haverá um germe vivo do Cinema Novo. Onde houver um cineasta disposto a enfrentar o comercialismo, a exploração, a pornografia, o tecnicismo, aí haverá um germe do Cinema Novo. Onde houver um cineasta, de qualquer idade ou de qualquer procedência, pronto a pôr seu cinema e sua profissão a serviço das causas importantes de seu tempo, aí haverá um germe do Cinema Novo. A definição é esta e por esta definição o cinema novo se marginaliza da indústria, porque o compromisso do cinema industrial é com a mentira e com a exploração. A integração econômica e industrial do Cinema Novo depende da liberdade da América Latina. Para esta liberdade, o Cinema Novo empenha-se, em nome de si próprio, de seus mais próximos e dispersos integrantes, dos mais burros aos mais talentosos, dos mais fracos aos mais fortes. É uma questão de moral que se refletirá nos filmes, no tempo de filmar um homem ou uma casa, no detalhe que observar, na filosofia: não é um filme, mas um conjunto de filmes em evolução que dará por fim ao público a consciência de sua própria existência. Não temos por isto maiores pontos de contato com o cinema mundial.

O Cinema Novo é um projeto que se realiza na política da fome, e sofre, por isto mesmo, todas as fraquezas consequentes de sua existência.

VITÓRIA DO CINEMA NOVO

Alex Viany, Gustavo Dahl,
Carlos Diegues, Paulo César
Saraceni e David Neves
1965

Em todos os grandes festivais cinematográficos internacionais, os críticos presentes reúnem-se em júris, sob o patrocínio da Fipresci, a Fédération Internationale de la Presse Cinématographique, para selecionar o melhor filme, comumente contrariando o juízo do júri oficial. Na V Rassegna Del Cinema Latino Americano, porém, houve absoluta concordância de pontos de vista entre os dois júris. O Prêmio da Crítica foi dado ao Cinema Novo brasileiro, destacando os jurados, nele, "a autenticidade de uma linguagem expressiva, capaz de interpretar livremente a realidade social e humana do país." O júri oficial escolheu *Vidas Secas*, de Nelson Pereira dos Santos, como o melhor filme de longa-metragem, e *La Pampa Gringa*, do argentino Fernando Birri, como o melhor de curta-metragem. Além disso, os jurados congratularam-se com o Columbianum, organizador da Rassegna Del Cinema Latino Americano, pela mostra retrospectiva dedicada a nosso Cinema Novo, cujos autores "demostraram saber conciliar a busca de uma original linguagem cinematográfica com um claro empenho moral nos confrontos da realidade brasileira", e, por fim, lamentaram que não houvesse concorrido oficialmente aos prêmios o "notável curta-metragem de crítica social" *Maioria Absoluta*, de Leon Hirszman.

A Rassegna Del Cinema Latino Americano é realizado desde 1960, sob a inspiração de uma entidade de Gênova, o Columbianum, dirigida pelo padre jesuíta Angelo Arpa. Começou em Santa Margherita Ligure (1960 e 1961), ficou dois anos em Sestri Levante (1962 e 1963), pulou 1964 e, este ano, em janeiro, teve lugar na própria sede do Columbianum na cidade de Gênova.

Interessando-se principalmente pelos assuntos culturais da América Latina, o Columbianum, entretanto, estende seus estudos ao chamado Terceiro Mundo. Assim, este ano, houve em Gênova duas outras manifestações: o congresso para a fundação da revista *América Latina*, ao qual compareceram intelectuais de nosso continente e também de quase todos os países de raízes latinas; e um congresso sobre a cultura negro-africana e suas expressões cinematográficas.

Em Gênova estavam, entre outros brasileiros, Arnaldo Carrilho, Carlos Diegues, Antônio Cândido de Melo e Souza, Murilo Mendes, David Neves, Sérgio Ricardo, Glauber Rocha, João Guimarães Rosa, Luís Carlos Saldanha e Paulo César Saraceni. E à delegação cinematográfica brasileira "em espírito e na prática" somou-se o cineasta argentino Fernando Birri, representante do novo cinema de seu país.

Os brasileiros com que conversei sobre Gênova não escondem seu entusiasmo pelo amigo Birri e por outros amigos que lá fizeram, a começar pelo próprio diretor da Columbianum, padre Angelo Arpa, que, nas palavras de David Neves, "foi nosso guardião, em todos os percalços por que passou a delegação brasileira, procurando sempre dar ao programa brasileiro um destaque especial, um horário digno". E o jovem crítico recorda ainda as palavras do Padre Arpa na sessão inaugural: "O Cinema Novo é um fato humano, uma força expressiva ligada a uma força espiritual. Entre os membros do Cinema Novo há mesmo uma espécie de identidade espiritual. E procuram exprimi-la em seus filmes, humilde e sinceramente."

Do Columbianum, os brasileiros fazem questão de destacar, ainda, Luigi Ammannti, ex-diretor da Mostra de Veneza, e Aldo Viganò — respectivamente diretor e secretário geral da V Rassegna. Mas seus contatos foram inúmeros e proveitosos: o argentino Mario Trejo; o cubano Julio García Espinosa; os espanhóis Rafael Alberti e Pedro Portabella; os franceses Robert Benayoun, Jeanine Bonnardot, Albert Cervoni, Lotte Eisner, Louis Marcorelles, Jeanine & Jean Rouch; o guatemalteco Miguel Angel Asturias; os italianos Gianni Amico, Guido Aristarco, Bernardo Bertolucci, Aldo Scagnetti, Bruno Torri e Giuseppe Ungaretti. A seguir, guardando tanto quanto possível a espontaneidade de meus interlocutores, transcrevo os trechos principais de uma conversa que, sobre Gênova, mantive com Gustavo Dahl, Carlos Diegues, David Neves e Paulo César Saraceni. E, para completar esta cobertura da manifestação de Gênova, recomendo aos leitores que não deixem de tomar conhecimento da importantíssima tese lá apresentada por Glauber Rocha, "A Estética da Fome".

[David Neves] As resenhas organizadas pelo Columbianum são, por assim dizer, o único contato oficial que o cinema latino-americano tem com a Europa. Acompanho-as desde seu nascimento e, em 1963, tive a oportunidade de estar presente à IV Rassegna, em Sestri Levante. Notei então que o grande trunfo deste festival é atrair a parte mais importante da intelectualidade cinematográfica europeia, aquele que nos diz respeito mais de perto, já que se interessa pelo cinema não só como uma expressão artística ou espetacular, mas também por suas raízes e origens nos países de que provém. Agora, então, em 1965, o interesse pela

Rassegna aumentou, na mesma proporção em que as características do encontro se alargaram. Os jornais italianos, durante duas semanas, dedicaram quase todo o espaço de suas colunas de cinema à manifestação de Gênova. Posso assegurar que o Brasil, nessas duas semanas, obteve um lugar de especial destaque, pelo enorme interesse que a retrospectiva e os filmes em concurso provocaram.

[Carlos Diegues] Eu separaria em duas as consequências mais importantes de Gênova. De saída, elimino outras consequências de certo modo importantes para nós, do caráter publicitário e de simples divulgação do cinema brasileiro. Essencialmente, acho que duas são as consequências mais importantes. A primeira é que, a partir de Gênova, na Europa, o cinema brasileiro deixou de ser um objeto de escândalo para ser um objeto de estudo, de análise. Isto é, passou-se realmente a conhecer o cinema brasileiro — ou o que ele está tentando ser — e não apenas alguns de seus mais importantes filmes. Em todos estes anos de surgimento do Cinema Novo na Europa, o contato que os europeus tinham conosco era através de nossos melhores filmes. Com a retrospectiva do Cinema Novo, eles viram não só nossos filmes menos bons como até alguns de nossos filmes mais fracos; o que importa em dizer é que, pela primeira vez, nós fomos à Europa como uma cinematografia e não mais como uma série de fenômenos isolados. Acho isso muito importante, inclusive para a compreensão dos grandes fenômenos do cinema brasileiro. A segunda consequência — esta mais de interesse exclusivamente nosso — é que Gênova, não sei se por acaso, proporcionou a nós mesmos uma espécie de levantamento global que há muito era necessário. É preciso dizer que a retrospectiva — e respondo por mim e por mais alguns com quem conversei — foi uma surpresa até para nós, que tivemos a oportunidade de rever filmes como *Rio, Zona Norte, O Grande Momento* e *Bahia de Todos os Santos*, que não víamos há muito tempo, e, em torno de alguns deles, modificar mesmo muitas das coisas que pensávamos sobre o cinema brasileiro. Exemplifico, rapidamente, com *Bahia de Todos os Santos*, um filme que eu desconhecia e que me causou realmente um impacto, como provavelmente teria causado em 1961, quando foi lançado. Essa revisão proporcionada pela retrospectiva ao lado da mesa redonda e com o molho da convivência diária a que éramos obrigado em Gênova, criou um clima de levantamento do cinema brasileiro face principalmente a duas coisas: a história de Cinema Novo — tudo o que tinha sido feito e acumulado no processo de formação do Cinema Novo — e a situação real em que nos encontramos em relação à produção do cinema brasileiro, à crise econômica que vivemos, às agonias pessoais de cada um em termos de criação o que deve e não deve ser feito — e ao fenômeno político do movimento de abril, que, de um modo ou de outro, alterou e tende alterar mais a linha de conduta de toda a cultura nacional. Esse levantamento — e não me refiro apenas às teses apresentadas, porque a maioria delas foi escrita no Brasil e, portanto, não havia sofrido ainda o estímulo que Gênova representou — levou-nos, finalmente, após a apresentação das teses e dos debates mais abertos, a chegar a certas conclusões importantes. Sintetizando, acho que essas são as duas principais consequências: a Europa passou a conhecer não mais fenômenos isolados de cultura, mas a cinematografia brasileira e, para nós, foi a primeira oportunidade, desde abril de 1964, desde muito mais tempo, de fazer um levantamento do que havíamos feito até ali, onde estávamos e para onde deveríamos ir.

[Gustavo Dahl] A respeito desse intercâmbio com os europeus, acho que serviu sobretudo para nos dar a consciência de uma total independência de pensamento em relação a eles. Em todas as conversas que mantínhamos com os europeus eles nos solicitavam muito mais do que nós a eles em relação ao cinema. Por outro lado, fiquei muito impressionado com a visão relativamente fácil que tínhamos dos problemas do cinema brasileiro. Devido aos problemas que o cinema europeu viveu atualmente — problemas econômicos, de criação e de expressão —, os europeus demonstram um grande espanto diante da vitalidade do cinema brasileiro, que associa-se frequentemente ao neorrealismo italiano e à Nouvelle Vague francesa, e um grande espanto também diante das condições econômicas eram absolutamente *sui generis* e que a viabilidade por si só não garantia a subsistência desse cinema. Eles ficam meio espantados e levaram um susto. Uma coisa que também me pareceu muito boa é o interesse dos africanos pelo cinema brasileiro. O colóquio sobre o cinema africano era um pouco um colóquio sobre as possibilidades do cinema negro, sobre um cinema que ainda não existe. Em verdade, em matéria de cinema negro, o que se pôde discutir foi o cinema brasileiro. E isso de tal modo que os africanos, quando queriam discutir seus problemas, se referiam frequentemente aos filmes brasileiros e mais especialmente a *Ganga Zumba*, que estava muito perto das coisas que eles queriam fazer. A partir de *Ganga Zumba*, criou-se um grande intercâmbio entre brasileiros e africanos, tivemos inúmeros encontros, conversamos e trocamos informações — mais sobre os problemas deles do que sobre os nossos, já que os nossos, perto dos deles, são mínimos. Eles, por exemplo, têm toda a exibição controlada por dois trustes; são exibidos mais ou menos dois mil filmes por ano em cada país africano. Assim, em termos de intercâmbio de filmes com eles, descobrimos que nossos filmes nem chegariam à África se não fossem negociados em Paris através desses trustes. A única maneira que teríamos de ajudá-los seria levar capitais e nos associarmos aos respectivos governos contra esse tipo de opressão econômica. Portanto, as coisas que mais me impressionaram em Gênova foram, de um lado, a imensa capacidade de diálogo com os africanos, e, do outro, essa imensa expectativa dos europeus em relação a nós. Em verdade, pode-se mesmo dizer que eles torcem para que nós possamos, para que nós tenhamos condições de salvar o cinema que, em seus países, está morre-não-morre.

[David Neves] Creio que a impressão de penetração de nosso cinema na Europa é dada principalmente pelo reflexo italiano. Na Europa em geral, e sobretudo na França, acho que as coisas ainda não estão como deviam. Na Itália, realmente, e em particular depois dessa Rassegna, o cinema brasileiro já entra com um certo corpo, como uma certa presença concreta, que ainda não possuía quando estive na última Rassegna, em Sestri Levante, 1963. Na Itália, realmente, são impressionantes o interesse e o conhecimento que há em torno do cinema brasileiro. É impressionante a maneira com que os críticos italianos penetraram no fenômeno do Cinema Novo, a maneira como apreendem as coisas, chegando mesmo a pressentir em nossas reações o que vai acontecer, o que estamos pensando. É uma coisa realmente extraordinária. Já os franceses, à medida em que se interessam pelo cinema brasileiro, são ainda um pouco doutrinadores, no sentido de pretenderem indicar caminhos. Tudo o que demonstram de conhecimento de nosso cinema vem acompanhado de uma certa tentativa de desviar um pouco o caminho para um sentido talvez mais europeu, mais cartesiano — coisa que é característica mais oposta à manifestação do Cinema Novo, pelo menos o que foi a Gênova. Sinceramente, acho que há uma diferença de grau entre os franceses têm um certo desconhecimento, uma certa diferença de grau e apreensão do fenômeno do Cinema Novo.

[Gustavo Dahl] David tem razão quando diz que o interesse pelo cinema brasileiro na Itália é muito mais geral do que na França. Na França, as pessoas que mais se interessam pelo cinema brasileiro são os críticos de esquerda. Estes, verdadeiramente, têm os olhos voltados para o cinema brasileiro e sempre se interessam por ele. Mas creio que a situação evoluirá para tornar-se semelhante à da Itália, onde não é o tradicional interesse da esquerda pelo Terceiro Mundo que leva ao interesse pelo cinema brasileiro. Na medida em que tal interesse advém de uma certa consciência social, os críticos ficam inquietos quanto às possibilidades de erro do Cinema Novo: têm dificuldades em digerir os erros, quando sabemos muito bem que os erros são parte dos acertos e que a coisa é tocar para frente.

[David Neves] Exatamente. Eu não havia sido muito claro. Existe realmente esse medo dos franceses em relação ao estilo brasileiro de cinema, que é um estilo um pouco desajeitado, ou, usando uma expressão que eles gostam muito de usar, *maladroit*. Os italianos, entretanto, não têm esse sentimento: admitem o Cinema Novo em sua plenitude, como se fossem brasileiros.

[Carlos Diegues] Creio, David, que mesmo os italianos gostam desse *maladroit*...

[David Neves] Os italianos aceitam na plenitude a manifestação do fenômeno cinematográfico brasileiro. Há um caso extremo, não-italiano, que me cativou extremamente, na pessoa do espanhol Pedro Portabella, que foi produtor executivo de *Viridiana* (1961), de Luis Buñuel, e do último filme de Francesco Rosi, *Il Momento della Verità / Os Bravos da Arena* (1964). Esse espanhol quase sempre assistia aos filmes ao meu lado: ele realmente recebia os filmes brasileiros de uma maneira como nunca vi na Europa. Acertava sempre em suas opiniões quando aos antecedentes e às consequências do que via. Mas isso, ressalte-se, nasceu do espírito global do Cinema Novo, proporcionado pela Rassegna de Gênova.
[Carlos Diegues] Eu gostaria de voltar um pouco atrás, em tudo isso que estamos

dizendo sobre o cinema brasileiro face à Europa, e chamar a atenção para uma perspectiva que não podemos perder. Evidentemente, tudo o que está sendo dito aqui parte do pressuposto de que o cinema brasileiro não conquistou a Europa, nem a Europa mais uma vez curvou-se ante o Brasil etc., mas que, a partir de um determinado momento, de dois anos para cá — a partir de uma série de filmes apresentados em festivais —, a Europa, ou, mais precisamente, alguns críticos europeus, intelectuais europeus e o público de festivais, ficaram perplexos diante de um novo fenômeno e dessa perplexidade, adotou uma posição de perspectiva. Agora, em Gênova, houve quem dissesse; mas, de um modo geral, ninguém diz que o cinema brasileiro é o melhor cinema do mundo. Portanto, essa questão de perspectiva é muito importante para que compreendamos a posição deles diante de nós. É verdade, como disse o Gustavo, que na França os críticos de esquerda demonstram especial interesse para com o cinema brasileiro; mas é preciso ver que, mesmo esses, à exceção de uns dois ou três, como Albert Cervoni e, de certo modo, Robert Benayoun, adotam uma posição paternalista, não propriamente no sentido de doutrinar-nos, mas no sentido de afagar-nos como filhos da velha Europa e até mesmo do cinema europeu. Foi a partir de 1964, de Cannes, que a coisa se modificou, mas, antes disso, eles se referiam a nós como a "Nouvelle Vague brasileira"; agora é que a expressão Cinema Novo começou a ser adotada. As exceções citadas (Cervoni, Benayoun e poucos outros) são realmente as dos que se entusiasmam com o cinema brasileiro no que ele é hoje, sem pedir coisa alguma, aceitando tudo o que o David citou, o *maladroit*, mesmo que demonstrem uma ou outra incompreensão diante do universo brasileiro. Tudo isso dá um quadro que, na minha opinião, ainda está em plena evolução e que em Gênova se caracterizou por um alto grau de desmistificação. Em determinado momento, em Gênova, as pessoas reconheceram que, afinal de contas, o cinema brasileiro não vivia apenas em determinados escândalos — como *O Pagador de Promessas*, em Cannes 1962; *Deus e o Diabo* e *Vidas Secas*, em Cannes 1964; os filmes de curta-metragem do Joaquim Pedro e do Paulo César poucos anos atrás —, de algumas surpresas escandalosas, mas era, pelo contrário, um corpo orgânico, que podia ser discutido como uma cinematografia. Não vale mais dizer que fulano, sicrano, e beltrano têm talento; vale dizer que existe uma coisa chamada cinema brasileiro, que se desenvolve organicamente por estes e aqueles caminhos. Na minha opinião, os italianos estão mais próximos disso inclusive por uma questão de identidade. Estou cansado de dizer que o cinema brasileiro não tem coisa alguma a ver, diretamente, como o neorrealismo, mas tem suas ligações mais profundas com o cinema italiano. Se a gente for procurar as influências externas do cinema brasileiro, elas serão encontradas no cinema italiano. Então, quando os italianos se interessam pelo cinema brasileiro, isso de certa maneira reflete tais ligações subterrâneas. Nossas entranhas, nossos umbigos, nossos cordões umbilicais estão muito ligados à Itália. Não se trata de uma simpatia gratuita: é uma consequência. No que diz respeito aos franceses, concordo inteiramente com o que David expôs. A crítica francesa é ainda uma crítica cartesiana, cheia de modismos, cheia de macetes, e, com poucas exceções, não está preparada para receber uma coisa grossa, subdesenvolvida, *maladroit* etc. como o cinema brasileiro. E não especificamente o cinema brasileiro. Eu acho que a crítica francesa, hoje, dificilmente aceitará um movimento de renovação cinematográfica, dificilmente aceitará um Cinema Novo que venha de qualquer lugar do mundo, pelo simples fato de que a crítica francesa já se academizou. De Bazin para cá, a crítica francesa, *Cahiers du Cinéma* etc. — é praticamente igual à velha crítica dos anos 1945, 1950. Além das pessoas que já foram citadas, eu gostaria de fazer justiça a Louis Marcorelles — de cujas perspectivas discordo um pouco — que não pode deixar de ser citado como o grande amigo do cinema brasileiro na França. Em Gênova, para mim, ele demonstrou falta de compreensão de alguns dos aspectos fundamentais do cinema e da cultura brasileira, mas eu faço questão de citá-lo porque, a meu ver, ninguém hoje na Europa se preocupa tanto como ele com o cinema brasileiro. Marcorelles, de fato, estuda tanto o cinema brasileiro que já está terminando um curso de português, para compreender melhor as coisas que se passam. É um grande amigo que temos na França, no sentido de seu grande interesse, um interesse real e muito honesto. Foi ele o primeiro a dar o brado de alerta em relação ao Cinema Novo, na Europa. E se as posições dele não são, na minha opinião, as mais corretas, não há dúvida de que Marcorelles é o mais esforçado dos críticos franceses em relação a nós, e o mais próximo, realmente, pelo menos do "material" que o cinema brasileiro representa e significa.

[Gustavo Dahl] Quando um francês vê um filme e a gente pega o gajo na saída, a primeira coisa que se diz é: "Il-y-a dês longueurs..."

[Alex Viany] Mas isso é o que todos os "produtores" também dizem...

[Gustavo Dahl] Por outro lado, é evidente que a crítica francesa, sendo a mais exigente e ao mesmo tempo a mais narcisista — um narcisismo levado a tal ponto que muitos críticos passaram a cineastas —, tudo compara com o que faz, e sempre quer transpor seus problemas para os outros países. O cinema francês está vivendo atualmente uma crise brutal na indústria. Tão brutal que, exagerando, pode-se prever sua falência para daqui a cinco anos, sobrando apenas o filme de autor, de baixo custo, feito em 16mm... Por isso, quando a gente começa a falar em termos de indústria cinematográfica, dizendo que uma das soluções — ou a solução — do cinema brasileiro talvez seja a instalação de uma indústria nacional que faria concorrência ao produto estrangeiro, eles ficam nervosíssimos e propõem o exemplo de seus próprios maus filmes industriais. Mas são etapas completamente diferentes. Quando lá chegarmos, talvez tenhamos esses problemas, mas é evidente que nossos problemas atuais não podem ser os franceses.

[Paulo César Saraceni] Não quero defender a crítica francesa, mas cada um de nós tem de falar de sua experiência em Gênova, e minha experiência foi muito boa, inclusive em relação aos críticos franceses lá presentes. Confesso que também fiquei meio perplexo com a seleção que o David fez: já havia perdido a visão panorâmica do movimento e, vendo todos os filmes juntos, percebi a extraordinária coerência que há em quase todos. Os críticos italianos, principalmente os de esquerda, acompanharam tudo com muito interesse, escrevendo sempre e elogiando o Cinema Novo. Depois de Gênova, fui a Florença e conversei com quatro ou cinco críticos que haviam escrito diariamente sobre o Cinema Novo, e eles estavam realmente entusiasmados. Falavam sempre que nós nos encontrávamos no mesmo ponto em que se viu o cinema neorrealista quando começou entre 1945 e 1948, quando o entusiasmo era enorme. Mostravam-se também muito preocupados: " O que será de vocês depois do primeiro de abril?" Repetiam esta pergunta todos os dias, faziam as mais incríveis perguntas. E nós não sabíamos como responder. Estamos pensando em continuar, é claro, mas vivemos a nos fazer a mesma pergunta. Mas, a respeito dos críticos franceses, creio que eles se interessam mais profundamente pelo fenômeno do Cinema Novo. Louis Marcorelles escreveu um artigo enorme sobre cinema brasileiro. De Albert Cervoni, vi um artigo de seis páginas. Isso eu não vi os críticos italianos fazerem. Realmente, os críticos franceses se interessam, procuram entender, estudar. Acho que, sem dúvida, para os críticos italianos é mais fácil a compreensão do fenômeno do Cinema Novo, porque eles tiveram o neorrealismo. Morando Morandini disse mesmo que o Cinema Novo era o movimento mais importante depois do neorrealismo. Mas o artigo de Cervoni é mais sério; a colocação dele é perfeita. Em Florença, conversei muito com Jean Rouch e Edgar Morin, e Rouch me disse que o Cinema Novo é a coisa mais importante que aconteceu desde Eisenstein. Estava impressionadíssimo com o Cinema Novo. Achou que *Maioria Absoluta* deu não só a noção do cinema brasileiro como também a noção do Brasil, dos problemas que temos e que pretendemos colocar no cinema, e ficou também impressionado com *Vidas Secas*, com *Deus e o Diabo*, com *Integração Racial*. Morin, que já esteve no Brasil, num debate com Goldman, em Florença, citou com defesa de sua tese dois filmes brasileiros de cinema-direto, *Maioria Absoluta* e *Integração Racial*. Por tudo isso, espanto-me um pouco a ver a crítica francesa acusada de incompreensão. É claro que não falo da crítica de *Cahiers du Cinéma*, que está na alta metafísica e, portanto, muito longe do Cinema Novo. Mas a outra crítica francesa, aquela tipificada pelo grupo de Lyon — que infelizmente não compareceu a Gênova — está realmente muito impressionada com o cinema brasileiro.

[Carlos Diegues] Um dos elementos surpreendentes na seleção brasileira em Gênova foi justamente a parte referente ao Cinema Verdade: uma técnica moderna, nova, e que, inclusive, na opinião geral, ainda não encontrou sua melhor maneira de expressão. Os europeus, entre outras coisas, não esperavam que já houvesse no Brasil quem fizesse cinema-direto. O filme de Paulo César, *Integração Racial*, foi exibido em Florença, com grande repercussão. Eu posso falar de *Maioria Absoluta*, o filme de cinema-direto exibido em Gênova. Nesse ponto, até se perde a capacidade crítica, porque foi realmente uma noite emocionante, com o público a aplaudir de pé, demoradamente, ao final da exibição. Jean Rouch, a meu lado, mostrava-se verdadeiramente estupefacto. Dizia: "Inacreditável!" O realizador do filme, Leon Hirszman, não estava presente, mas estava o câmera, Luis Carlos Saldanha, que foi empurrado para o palco por todos nós, com todo mundo a aplaudir, gritar, e, ao chegar ao palco, foi agarrado por quantos estavam nas primeiras filas, que correram para abraçá-lo. É uma cena inesquecível para mim. Quando ele conseguiu passar por essa massa humana na escada que dava acesso ao palco e pode chegar ao palco para ser visto por todos os que se encontravam na vasta sala, um africano furou o bloqueio e foi até lá em cima e beijou-o na face, numa das cenas mais lindas que já vi. *Maioria Absoluta* foi um sucesso, teve uma repercussão impressionante. Apesar de não concorrer oficialmente, foi mencionado pelo júri, que destacou sua importância. *Maioria Absoluta* foi, assim, no final do festival, a última grande revelação do Cinema Novo. Por outro lado, nas meses redondas, as discussões mais importantes estão intimamente ligadas com a retrospectiva. Foram dez dias de conversa. Cada dia, uma tese era apresentada, em seguida discutida. Nos últimas dias, foram feitas duas reuniões conclusivas. Cada dia que a retrospectiva avançava, as mesas redondas se tornavam mais interessantes, porque, através do processo cumulativo, as descobertas eram cada vez mais profundas, surgiam novos dados etc. Luigi Ammannati, diretor da Rassegna, chegou mesmo a me dizer que estava ficando tonto: a cada novo filme que passava na retrospectiva, era obrigada a repensar, tantos eram os caminhos que via no cinema brasileiro, a cada filme exibido, que ainda não conseguira formar uma ideia geral dele, não por falta de ideias, mas justamente pelo excesso. Essa retrospectiva, portanto, está muito ligada às mesas redondas; e as mesas redondas tiveram sua conclusão nas duas reuniões finais, que, para mim, foram as mais importantes, já que as outras eram mais dissertativas, com a leitura de uma tese individual e uma ou outra pergunta de esclarecimento sobre o assunto levantado nessa tese. No final mesmo foi que o "pau comeu" em termos de conclusões. E essas conclusões estão muito ligadas ao passado do cinema brasileiro — a essa descoberta de que falei no princípio —, cada pessoa dizendo o que achava do cinema brasileiro diante do que havia visto na retrospectiva, do que tinha lido e ouvido em nossas teses. E tratou-se, naturalmente, das perspectivas do futuro, uma das constantes do congresso principalmente na reunião final. Isto é, o que vai ser do cinema brasileiro a partir do movimento de primeiro de abril. Para a Europa — ou, pelo menos, para os críticos e intelectuais que lá estavam — o movimento de primeiro de abril teria forçosamente de influir sobre o cinema brasileiro. Lembro-me de que, uma conferência de imprensa, no final, em que nos apresentamos em conjunto, um jornalista fez exatamente esta pergunta: "O que vai ser de vocês depois do primeiro de abril?" E eu respondi: "Não sei. Você deve fazer a pergunta aos homens que estão no poder e não a nós. Nós vamos continuar a fazer os filmes; o que eles vão fazer conosco é um problema deles". Lembro-me de que respondi assim; depois o Glauber completou a resposta, dizendo outras coisas. Eles não falavam apenas do ponto de vista político. Houve uma surpresa muito grande em Gênova: o problema da economia do cinema brasileiro. Pelo fato de o cinema brasileiro aparecer na Europa, até bem pouco, através de filmes que davam a impressão de partirem de talentos esparsos num continente perdido, os europeus nunca haviam pensando na economia do cinema brasileiro e numa estrutura que mal ou bem existe. Então, a tese apresentada por Gustavo Dahl suscitou muitos debates e, na última reunião, feita na manhã do dia de encerramento, houve uma grande discussão em torno disso. A preocupação deles não era apenas pelo destino político do cinema brasileiro face ao movimento de primeiro de abril, mas por nosso destino cultural face aos caminhos que o cinema brasileiro estava encontrando e desvendando, como também pelo futuro econômico do cinema brasileiro, que na tese de Gustavo Dahl era apresentado, com o apoio de todos nós, de maneira muito pessimista, pelo menos a curto prazo. Isso os preocupou muito. Marcorelles fez toda uma dissertação sobre o problema, perguntando, apresentando sugestões etc.

[Paulo César Saraceni] No trem, a caminho de Florença, conversei muito com Marcorelles, que havia lido a tese inaugural de Antonio Candido, "Natureza, elementos e trajetórias da cultura brasileira". Marcorelles mostrou-se entusiasmadíssimo com a tese, que lhe havia esclarecido muita das coisas vistas em nossos filmes. Por outro lado, foi importante para Antonio Candido, creio, que seu desconhecimento do cinema brasileiro se desfizesse ali em Gênova, vendo nossos filmes ao lado dos críticos estrangeiros. Assim, percebeu melhor a importância do movimento e, no final, estava igualmente entusiasmadíssimo. Depois dos debates sobre o Cinema Novo, Murilo Mendes, que também conhecia pouquíssimo de cinema brasileiro, vendo o entusiasmado de italianos e franceses por nossos filmes, chegou a comparar o movimento do Cinema Novo com o movimento modernista de 1922.

[Alex Viany] Na primeira conversa que gravei para a Revista *Civilização Brasileira*, com Nelson Pereira dos Santos e Glauber Rocha , o Nelson, justamente, observou que a grande vitória do Cinema Novo é ter tirado o cinema brasileiro de sua marginalidade cultural. Até aparecer o Cinema Novo, mesmo aos poucos cineastas excepcionais, de real talento, eram marginais; o Cinema Novo é realmente a primeira corrente intelectualizada e conscientizada que o cinema brasileiro tem. O cineasta, hoje, já não se envergonha de dizer que é homem de cinema. Hoje é tão aceito como um poeta, um arquiteto.

[Carlos Diegues] Sou mais radical, como está na minha tese. O cinema brasileiro deixou de ser uma crônica da sociedade brasileira, deixou de ser um estereótipo, um pastiche, e passou a adotar uma visão antropológica do homem brasileiro, penetrando na alma do homem brasileiro, da própria cultura do povo brasileiro. Eu acho, de fato, que o Cinema Novo não se integra na cultura brasileira; acho que, neste momento, o Cinema Novo é como que o espírito universal da cultura brasileira, é aquele instrumento cultural que detém hoje o maior índice de representatividade de uma antropologia brasileira.

[David Neves] Com tudo isso e por tudo isso, a Rassegna de Gênova é um marco importante na história do cinema brasileiro. Ela ao mesmo tempo encerra e inicia uma fase, no sentido em que os filmes apresentados pela retrospectiva e na mostra competitiva de Gênova são filmes que praticamente esgotaram seu itinerário nas mostras culturais do Brasil no exterior, e estão atualmente em fase de esgotamento de sua apresentação no próprio território brasileiro. A fase que poderíamos chamar de experimental — uma fase em que o cinema brasileiro se apresentava sob forma de experiências, no sentido de mercado, de estilo narrativo —, dentro de todo um caldo incipiente de cultura em Gênova, com a apresentação da retrospectiva, tem um fim e prenuncia o começo de uma nova fase. Há poucos dias, quando, no INCE, assistimos à apresentação de *Vereda da Salvação*, do Anselmo Duarte, e *São Paulo S.A.*, do Person, na mesma noite, Alex e eu nos recordamos da primeira fase do Cinema Novo, quando, numa mesma noite, vimos *O Pagador de Promessas* e *Os Cafajestes* no mesmo INCE e visando ao mesmo Festival de Cannes. Aquela sessão, em 1962, não deixa de ter importância histórica, porque foi ela que praticamente abriu nossos espíritos para uam perspectiva nova de cinema, um futuro novo de cinema brasileiro. E agora, com *Vidas Secas* e *Deus e o Diabo* coroando o final dessa primeira fase, um filme realmente como *São Paulo S.A.* abre novíssimas perspectivas e parece prenunciar um futuro brilhante.

[Gustavo Dahl] Eu queria voltar a Gênova e às conclusões das mesas redondas. Lembrando que, no último dia, quando a coisa pegou fogo, um dos pontos mais importantes foi justamente levantado por Marcorelles — que depois o repetiu em artigo —, segundo o qual os únicos filmes prontos para uma comunicação com o público mundial eram *Vidas Secas* e *Os Fuzis*, por um problema de definição das formas, de solidez da linguagem. A partir daí, começou um debate no qual se colocou o problema de o cineasta brasileiro ter de optar pelo público mundial ou pelo público brasileiro, pois haveria diferenças de linguagem em função do endereço que desse a seus filmes. Já que falamos em crítica europeia e tudo isso, acho que estes é um dos grandes problemas em que temos de pensar, já que os críticos europeus demonstraram má-vontade para com os filmes "instáveis", inquietos em suas formas. Mas, a partir do momento em que há uma certa maioridade intelectual, encontrar o equivalente econômico dessa maioridade intelectual é um dos problemas com os quais nós estamos defrontando. Sendo o cinema condicionado por um regime econômico que é o regime capitalista, ele fatalmente reflete essas origens e tem de assumi-las. É justamente esse problema que se vem colocando no Brasil: esgotadas todas as possibilidades de capitalização econômica de um prestígio cultural, o que precisamos fazer agora é criar um prestígio econômico que permita alimentar permanentemente essa cultura.

[Paulo César Saraceni] Também voltando a Gênova, eu queria dizer aqui que em Gênova havia um grande interesse — por parte de quase todos os críticos italianos e franceses — em relação ao teórico desse Cinema Novo. Quem havia escrito mais profundamente sobre o Cinema Novo brasileiro? Eles sentiam muito a falta disso, e acho que também nós a sentimos. Se bem que ainda estejamos nos primeiros filmes, já sentimos falta desse teórico. Sobre o problema da indústria brasileira de cinema, acho que, como fenômeno paulista, o filme de Person, *São Paulo S.A.*, é perfeito, se bem que ele também tenha tido enormes dificuldades para fazer a fita. Mas, de qualquer forma, a fita está bem acabada, tem padrão técnico, como quase todas as fitas paulistas — as do Khouri, do Anselmo Duarte — e, além disso, é uma fita corajosa, que continua a temática do Cinema Novo. Mas, aqui no Rio, apesar dos filmes que estão sendo feitos e que temos em projeto, não sei se conseguiremos vencer o caminho que o Person em São Paulo.

[Carlos Diegues] Foi bom o Paulo César lembrar essa questão do teórico. De fato, uma das discussões mais levantadas em Gênova. O Ammannati, como já contei, dizia que a retrospectiva e os filmes brasileiros em concurso eram desconcertantes: "A gente vê um filme hoje, tem de repensar tudo; cada filme é uma coisa nova; são caminhos inteiramente diferentes..." O Glauber, que estava perto, a título de brincadeira, disse uma frase que depois foi repetida no trem, de volta para Roma, e deu um papo incrível. O Glauber virou-se para ele e disse: "Pois é. Mas no ano que vem os meninos aparecem por aqui e aí é que vocês vão ver uma coisa..." O que queria o Glauber dizer com isso? Os "meninos" a que ele se referia são todos esses jovens assistentes de direção, de fotografia, de montagem etc., que estão na bica de passar à realização ou que já estão fazendo curta-metragem, como é o caso do Jabor, que fez agora *O Circo*, ou do Paulo Gil, que termina um documentário sobre cangaceiros. São esses os "meninos" de quem o Glauber falava com muito carinho. E o que queria dizer ele com "vocês vão ver alguma coisa"? É simplesmente o seguinte: cada diretor de Cinema Novo que estreia — quando é bom, evidentemente, como no caso de Person — é mais um dado desconcertante, é mais um repensar de tudo que a gente vem fazendo. Por isso, eu dizia em Gênova que achava muito lógico não haver um teórico. Não é que se tenha escrito pouco sobre Cinema Novo; já se escreveu até muito. Mas não existem ainda os dados suficientes para esgotar o assunto: Cinema Novo é: "blá

blá blá" e vai por aí. As pessoas que mais têm escrito sobre Cinema Novo, fora o Glauber, que agora parou um pouco, são o Alex e o David, aqui no Rio, e o Paulo Emílio e o Jean-Claude Bernardet, em São Paulo. Mas eles não podem esgotar o assunto porque, de fato, o material é ainda insuficiente, porque as coisas que aconteceram são desconcertantes — e ainda há o que acontecer.

[Alex Viany] Eu queria levantar vários temas, para provocar um pouco vocês. Primeiro: nós ficamos a ver esses filmes, aparecendo três ou quatro por ano, desde 1959 ou 1960, mais ou menos, abstraindo os filmes do Nelson, que vêm de antes, e vamos aos poucos reunindo dados, fazendo constatações e, de certas generalizações, conseguindo tirar algumas conclusões já na base da teoria. A chanchada resolveu, a meu ver, o problema do público, que era hostil ao cinema brasileiro. A chanchada conseguiu conquistar o público, o público popular. E a chanchada resolveu — incipientemente, sem dúvida, mas resolveu — o problema do diálogo cinematográfico, colocando-o num caminho de linguagem popular. Para mim, uma coisa que o Cinema Novo já resolveu — e eu creio que esta constatação não foi ainda feita — é o problema do personagem. O personagem, no cinema brasileiro, em geral não existia: era tão esquemático, tão distante de qualquer motivação social, humana, pscicológica, que verdadeiramente não existia. Vivíamos de tipos esteriotipados e quase sempre baseados em personagens de filmes estrangeiros. No Cinema Novo, quase que a cada filme a gente encontra um personagem tridimensional, às vezes não inteiramente resolvido, mas motivado socialmente, politicamente, psicologicamente etc. Num filme como *Deus e o Diabo na Terra do Sol*, por exemplo, temos toda uma galeria de personagem que existem — e numa escala heróica, o que é muito mais difícil. No filme do Cacá, *Ganga Zumba*, temos não só o próprio Ganga Zumba, mas vários outros personagens que já estão pintados ali. E tudo isso é um acréscimo muito grande ao cinema brasileiro. Posso imaginar a surpresa de Gênova, para os que nada tinham visto ou para os que apenas viram *O Cangaceiro*. A visão de conjunto do Cinema Novo deve ter sido realmente um choque. Por isso, pergunto: O que tiraram vocês dessa visão em conjunto? Que caminhos principais vocês vêem para o cinema brasileiro, nesses filmes que viram e nos filmes que já viram depois que voltaram de lá, como por exemplo, o de Anselmo Duarte e o de Person? E também eu repito aquela pergunta que tantas vezes foi feita a vocês lá: E agora, depois do primeiro de abril, o que vai acontecer ao Cinema Novo?

[Carlos Diegues] Tenho ligeiras intuições sobre as questões que você levanta. Eu não saberia dizer quais são os caminhos do cinema brasileiro. Acho que existem aspectos, e sobre esses aspectos nós podemos distinguir os caminhos. Não vou repetir o que o David escreveu em sua tese, sobre o filme antigo, o misto de antigo e moderno, o moderno etc., embora eu ache que, metodologicamente, seja o mais acertado, porque é o que se compromete menos teoricamente. Pois é nos temas que vamos encontrar o grande problema para distinguir os caminhos do cinema brasileiro, dada a grande pluralidade de opções: o universo brasileiro é riquíssimo e o Cinema Novo tem poucos anos de existência. Para exemplificar, lembro dois casos. Um já acontecido, que para mim é o exemplo fundamental do cinema brasileiro. Que houve entre *Barravento* e *Deus e o Diabo na Terra do Sol*? É um caminho só, é um caminho no qual o Glauber saltou qualitativamente, são duas opções diferentes, um é a continuação do outro? Eu não saberia responder: aceito o que José Sanz disse, que entre *Barravento* e *Deus e o Diabo* existem trinta filmes. Portanto, ainda acho muito arriscado tentar distinguir esses caminhos. O outro exemplo é de minha experiência pessoal. Meu primeiro longa-metragem, *Ganga Zumba*, é um filme histórico, pelo menos teoricamente, com uma tentativa de fabulação de caráter inteiramente fictício, legendário, de farsa, inclusive, e um ano e meio depois, parto para o segundo filme, que devo fazer agora no meio do ano, um filme inteiramente diferente, urbano. Não é propriamente um caminho diferente, porque as ideias gerais que eu tinha quando fiz *Ganga Zumba*, a visão de mundo — que é o que importa, afinal de contas — são as mesmas que tenho agora, quando vou fazer *A Grande Cidade*; sei, porém, que serão dois filmes inteiramente diferentes, O Person é um excelente exemplo: fez um filme que eu considero um dos melhores da safra do Cinema Novo, dos últimos que vi, é o melhor, é um filme atualizado, é a recuperação de São Paulo para o cinema; coisa de uma ousadia, de uma sinceridade incrível. O filme do Anselmo já é um outro caminho, que me agrada menos, mas não sei se é menos válido: um filme de *mise--en-scène*, de espetáculo, sem qualquer grande aproximação em relação ao tema que trata, um filme apenas bem-feito. Portanto, à primeira parte da pergunta, eu responderia que não sei quais são os caminhos: sei que existem muitos e talvez daqui a quatro, cinco anos, quando cada um de nós já tiver dois, três filmes, seja mais possível determinar isso. Quanto à última parte da pergunta, eu hoje já seria capaz de tentar uma resposta, graças à Gênova, porque foi em Gênova que vi com mais clareza o que está para nos acontecer e o que nos aconteceu em abril. Quando digo "está para nos acontecer", elimino as possibilidades de qualquer evento policial, porque isso não podemos controlar. Pode até acontecer amanhã que a polícia feche os cinemas que passem filmes nacionais, que impeça a exibição de nossos filmes. Acho que nada disso vai acontecer, mas não posso prever. O que sei é o seguinte: o golpe de abril correspondeu a um momento em que o cinema brasileiro se aprofundava, isto é, saía daquela fase de um puro intervencionismo social, de uma crônica paternalista da sociedade brasileira, e passava, com *Vidas Secas* e mais violentamente com *Deus e o Diabo*, a uma faixa antropológica de aprofundamento na própria cultura do homem brasileiro, atrás de um absoluto que não é Deus, mas é o absoluto das divindades da morte, da felicidade, da vida etc., numa pesquisa que deixou de ser simplesmente descritiva, ou de representação, e passou a ser interpretação. Isso exige, evidentemente, um recolhimento muito mais profundo do diretor como intelectual, como pensador, e o leva a uma faixa que independe do evento político momentâneo, e toda uma acumulação de tradição, cultura etc. Isso o movimento de abril não pode alterar. Eu acho que o mais grave do movimento de abril em relação a nós não está nessa faixa cultural, mesmo porque — e eu repito a resposta que dei em Gênova — não depende de nós responder o que vai ser de nós com o novo governo que o país tem. Temos todos a consciência do que devemos fazer e vamos fazê-lo; como eles influirão nisso, não sei. O mais grave, em relação ao cinema e ao movimento de abril, é que toda a política econômico-financeira posta em prática até agora, se agravou o problema econômico do país, agravou mais profundamente o problema econômico do cinema, que era uma coisa muito diluída, que não tinha ainda uma estrutura sólida. Se essa política econômico-financeira levou ao caos e à falência estruturas econômicas industriais muito mais sólidas do que o cinema, o que será do cinema? Este, para mim, é o principal problema. Não vou dissertar sobre o assunto — mesmo porque não sou dos mais autorizados a fazê-lo —, mas eu o sinto na carne. Estou em vésperas de uma produção e sei o que está acontecendo.

Sabemos todos, aliás. Policialmente, nada se pode prever; politicamente, não é um golpe de Estado que vai alterar o que pensamos do Brasil, e, culturalmente, estamos numa faixa muito mais profunda para que sejamos atingidos por uma coisa eventual. O problema fundamental, portanto, está nas consequências econômicas do movimento de abril.

[David Neves] Minha tese é um tanto esquemática, evolucionista, da chanchada até o Cinema Novo. Nela eu procuro mostrar que influências anteriores vieram a cristalizar-se no Cinema Novo. Como já disse, acho que chegamos ao final dessa fase de experiência. Quanto ao caminho que devemos seguir, é ainda uma incógnita. Realmente, o cinema Novo sempre se manifestou de maneira surpreendente: quando se entrou na fase do Cinema Novo, não houve uma evolução natural, normal, lógica, que permitisse ao crítico, ao observador, uma previsão do que iria suceder. Chegamos, isto sim, ao esgotamento de uma safra de filmes, com o festival de Gênova, e uma nova safra se inaugura, a meu ver, com a sessão dupla do INCE, quando vimos *Vereda da Salvação* e *São Paulo S.A.*, dois tipos diferentes de filmes, mostrando um a retomada mais rica de um tema antigo (o filme do Anselmo) e outro realmente um caminho novo. O filme de Person é um caminho novo na medida em que responde às pessoas que, ingenuamente, vivem a perguntar: "Por que só filme de cangaço?"; "Por que só filme sobre o Nordeste?"; "Por que não filmes urbanos?". Nesta, em particular, *São Paulo S.A.* é uma resposta a altura: é um filme urbano à moda do Cinema Novo, à brasileira, e, com toda a certeza, completamente diferente do filme que tinham na cabeça os nossos perguntadores. É fundamental esse caminho que o filme do Person abre no sentido do cinema urbano. É um caminho importantíssimo, que deve ser estudado, analisado, seguido. Por outro lado, há os filmes que estão sendo feitos, que são, ao mesmo tempo, uma continuação e uma modificação do que antes havia. Há o filme do Joaquim, *Negro Amor*, que é um filme rural e onde somente a paisagem muda, passando da Bahia, do Nordeste, para Minas; é um problema intimista que se desenrola numa paisagem mineira, que é nova no campo do Cinema Novo. Há o filme do Roberto Santos, que volta depois de uma inatividade longa: traz ele uma nova perspectiva, uma nova esperança, que, entretanto, não podem ser julgadas *a priori*, mas apenas depois de pronto o filme. Todos esses caminhos novos, prometidos pelos filmes que virão, podem significar uma saída ou não. Quanto ao problema do primeiro de abril e do panorama com o qual nos defrontamos, acho importante lembrar o seguinte: o movimento de abril e o cinema brasileiro confrontaram-se, quase que imediatamente, com o problema da censura de *Deus e o Diabo*. A liberação de *Deus e o Diabo*, a meu ver, foi um compromisso do movimento de primeiro de abril com o Cinema Novo. O movimento cumprirá esse compromisso ou faltará a ele; até agora, nós estamos numa situação de total incerteza a respeito do futuro.

[Gustavo Dahl] Voltando um pouco atrás, quero lembrar que, embora o Cinema Novo não tenha tido um teórico, duvido que haja em toda a história do cinema uma corrente mais "teorizada": cada diretor é ao mesmo tempo um teórico. Houve um grande trabalho teórico em comum: o grande teórico do Cinema novo é uma comunidade. Apesar disso, dentro dessa ordem geral de preocupações, lembro também que um dos sintomas por mim notados, um ano atrás, quando voltei da Europa, foi a aproximação entre Cinema Novo e literatura. Já *Ganga Zumba* e *Vidas Secas* tinham origem literária, e os filmes que iriam representar o Cinema Novo imediatamente depois seriam *Negro Amor*, *Menino de Engenho*, *A Hora e Vez de Augusto Matraga* e até *Angústia*, que estava nos planos do Paulo César. Então, eu me perguntava: "De onde vem que, de repente, o Cinema Novo se volta para a literatura?" Até hoje ainda penso nisso: tenho minhas ideiazinhas lá em cima. Sobre a velha oposição entre cinema urbano e cinema rural, acho ser evidente que, quando o Cinema Novo partiu para os primeiros filmes, foi encontrar-se, foi evoluir na área em que os problemas estavam mais radicalmente colocados, e onde, portanto, poderia evoluir mais fácil e eficientemente. Por isso, concentrou-se no Nordeste e na favela. Evidentemente, uma vez colocados esses problemas, estes, por sua própria simplicidade, se esgotaram rapidamente. Há, então, uma necessidade de abrir a problemática e ir buscar em outras regiões, outros ambientes, outras zonas sociais, o mesmo tipo de *approach* que se tem em relação ao Nordeste e à favela. Tenho a impressão de que o recurso às obras literárias vem de uma certa sensação de desprotegimento diante de uma outra temática da burguesia, a temática da classe média, a temática da *intelligentsia*. Por outro lado, os temas urbanos até parecem predominar na nova fase: até Glauber Rocha, que é, seguramente, de todos os diretores brasileiros aquele que está mais radicado na terra (não se nasce impunemente em Vitória da Conquista), pensa numa problemática urbana para um de seus próximos filmes. Sim, os filmes serão diferentes. Mas vai haver uma grande surpresa. As pessoas que reprovam o cinema brasileiro por só pensar em favela e nordeste verão que as coisas ficarão efetivamente muito mais claras quando ditas na cidade. Essas pessoas não mais terão o lado exótico que nós lhe oferecíamos. Os filmes falarão de gente como elas, que se verão na tela. E não é bom a gente se ver na tela.

[David Neves] Sobretudo sem maquiagem.

[Gustavo Dahl] Sobretudo através da visão desses jovens iracundos. Pessoalmente, acho muito bom esse caminho. Por minha formação, e por ter a fama de "reacionário da minha geração", o cinema que quero fazer é exclusivamente urbano, procurando colocar a má consciência na burguesia. Eu quero mesmo que a burguesia saia do cinema envergonhada de ser o que ela é. Não sei se vou consegui-lo, mas este é um problema pessoal sem importância. O filme do Person já dá saída a isso... É uma denúncia da mediocridade, da doença da mediocridade da classe média. Este filme, eles vão ter de engolir, e vão ter de engolir muitos outros. E, a partir daí, há uma outra coisa que nós sabemos: que o subdesenvolvimento é muito mais chocante quando tem o fundo de Copacabana do que quando tem o fundo de caatinga do Nordeste. A miséria na cidade, mesmo que um *décor*, é muito mais difícil de explicar do que a miséria do Nordeste. O Nordeste é uma região depauperada; São Paulo é uma região rica e, no entanto, nos letreiros de *São Paulo S.A.* há uma favela. Como, então, explicar essa favela numa região tão rica? Há toda uma problemática, que é a problemática do neocapitalismo e, num certo sentido, o Sul do Brasil incluiu-se perfeitamente dentro dessa problemática, que, quando começar a ser atacada, mostrará a nossos perguntadores que não há orgulho algum, nem no Rio de Janeiro, nem em São Paulo, nem no Paraná, nem em Santa Catarina ou no Rio Grande do Sul. Quando isso começar a ser dito no cinema, eu não sei o que vai dar, mas, em todo caso, sei que vai dar pano para a manga. Eu acho que isso, inclusive, é um reflexo, típico da nova situação política no Brasil. A situação política do Brasil, inclusive a orientação econômica, gira em torno de uma obtenção de uma prosperidade que nós sabemos fictícia. A renda *per capita* pode aumentar quanto quiser, nós sabemos muito bem que, no Nordeste, continuarão a morrer de fome os milhões que lá vivem. Quando, portanto, começarmos a por em questão essa falsa filosofia da prosperidade, não sei o que eles vão propor. Acho que nos proporão fazer filmes em Paris. As coisas são as mesmas em todos os níveis: o que tem de ser dito pode ser dito até na Lagoa dos Patos. Tudo depende do compromisso moral do autor, do diretor, perante o mundo. Isto é uma coisa que Anselmo Duarte ainda não compreende bem: não é suficiente fazer um filme de temática rural, de temática progressista. O importante não é mostrar um tema na tela; o importante é o diretor envolver-se nele, entrar nele, estar dentro dele e dar uma opinião, errada ou não. Não há *mise-en-scène* que esconda a falta de um ponto de vista. A mágica que sai da tela, que nos faz dizer: "Este é um diretor de cinema!", é exatamente proporcional ao compromisso moral desse diretor com seu mundo. E não há golpe que acabe com esse compromisso.

[Paulo César Saraceni] Numa conversa no bar da Líder, o Nelson perguntava o que eles estão querendo com "cinema urbano". Urbano, lembrava ele, significava também uma pessoa "cortês, afável, civilizada", bem comportada. Acho que eles querem esse tipo de cinema. Mas vamos ao cinema urbano: a gente aproveita, faz filme na cidade e manda brasa.

[Alex Viany] Um pequeno parêntese. Não quero citar o nome da pessoa de que falarei porque ela merece respeito, mas essa pessoa, que estava um tanto afastada, convidou-me, num determinado momento, para trabalhar numa nova série de filmes. E falou justamente isso: "Chega de favela, chega de pé no chão; vamos fazer filmes com gente bem-vestida!". Eu aceitei e fiquei de sugerir uma primeira história em prazo curto. Fiquei então procurando um assunto urbano, bem-vestido, que me interessasse; encontrei vários, mas vi que eram escabrosos demais. Finalmente, decidi-me por um acaso acontecido em nossa melhor sociedade, visto de um certo ângulo crítico. Pois bastou que eu apresentasse a ideia para que meu amigo desistisse do plano.

[Paulo César Saraceni] Bastante sintomático. Eu poderia responder às perguntas do Alex globalmente. Primeiro porque o Alex disse que a grande contribuição do Cinema Novo era o personagem, o personagem brasileiro com todas as suas motivações. Evidentemente, quem quer fazer filmes que se situem depois do primeiro de abril? O que o Gustavo colocou é perfeito: quer se faça o filme na Paraíba, como é o caso do Walter Lima Jr., ou aqui, como será o meu caso e o caso do Cacá, o ângulo de visão será sempre o de um realismo crítico, querendo colocar para o público os problemas brasileiros. Isto existe, dizemos nós, e não podemos mentir ao mostrá-lo.

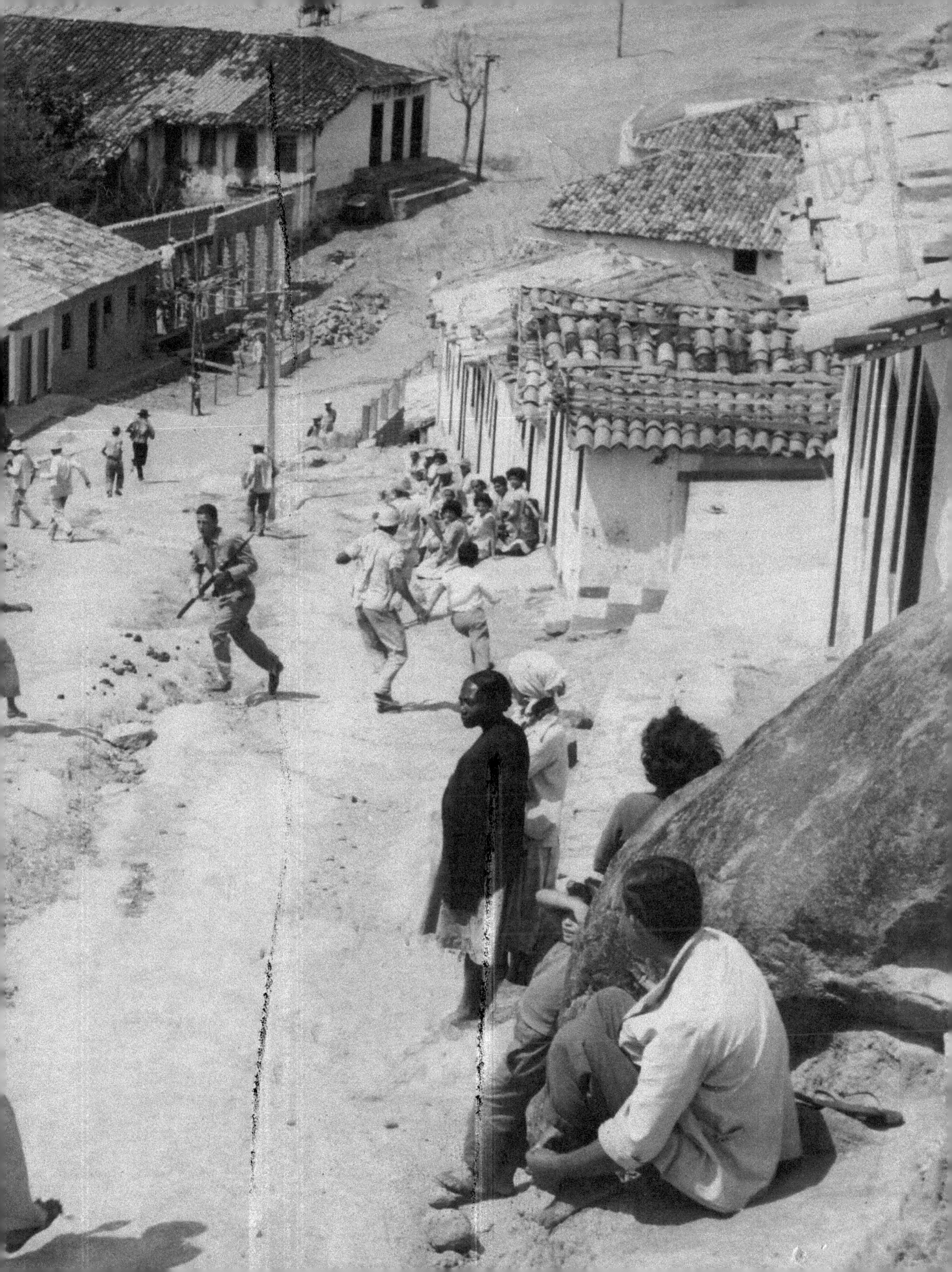

A DESCOBERTA DA ESPONTANEIDADE

David Neves

1965

No Brasil, o interesse pelo cinema-direto teve maior ênfase na medida em que eram precários tanto nosso parque de equipamentos como a economia de produção de nossos filmes. Nos grupos em que fervilhava o interesse pela renovação do panorama cinematográfico brasileiro, o novo tipo de cinema sempre despertou certa curiosidade. Duas eram as fontes de informação que traziam as notícias do extraordinário progresso alcançado pelos processos de filmagem e gravação: a revista francesa *Cahiers du Cinéma*, com a "revelação" de Jean Rouch, e a revista norte-americana *American Cinematographer*, através de suas reportagens e seus anúncios.

Era, como se podia notar, um interesse mecânico, um pretexto para a obtenção desse equipamento e seu aproveitamento nos filmes convencionais. O advento da Nouvelle Vague francesa serviu de pronto para quebrar nos brasileiros um remoto respeito humano pelo porte de seu acervo material: câmeras Arriflex (algumas raras Cameflex) leves, de reportagem, e outras velhíssimas Super Parvo. As Mitchell e Newall eram reservadas exclusivamente aos "industriais" consagrados de São Paulo e não se arredavam dos estúdios da Cia. Cinematográfica Vera Cruz. Como dizia, a Nouvelle Vague confirmou na prática, ali no respeitável Velho Mundo, as ideias que Glauber Rocha vinha expondo e adotando na Bahia: "Cinema Novo: câmera na mão, ideia na cabeça".

Nos primórdios, portanto, o apelo do cinema-direto funcionava numa via indireta. Na imaginação, os brasileiros "usavam" as ousadias estrangeiras como uma maneira de corrigir as próprias deficiências. Para nós, esta foi a primeira real utilidade do novo sistema. O observador alheio pode compreender o que representou, num país de poucos recursos, ouvir falar, por exemplo, do processo canadense de ampliação de 16 para 35 mm!

Oficialmente, o ingresso do cinema-direto, a conscientização de sua existência específica, foi-se dando pouco a pouco. Não tenho dados cronológicos, mas acredito que o primeiro filme feito sob essa característica apresentado no Brasil tenha sido o *Chroniqué d'un Eté*, de Rouch & Edgar Morin, numa semana oficial do cinema francês promovida pela Unifrance Film, por volta do início de 1962. Só os aficionados tiveram a oportunidade de ver o filme sobre o qual já haviam lido e relido os comentários importados. Algum tempo depois conhecera-se o *Amérique Insolite* e o *Marines*, de François Reichenbach. Após a visão de *Chronique d'un Eté*, as tendências, muito naturalmente, começaram a se repartir. por essa época um jovem e talentoso cineasta havia partido em bolsa de estudos para a França: Joaquim Pedro de Andrade.

Depois de *Chronique d'un Eté*, o cinema-direto consolidou-se nas capitais da cultura, sendo que ficou em evidência o nome dos cineastas norte-americanos Robert Drew, Richard Leacock e os irmãos Albert e David Maysles, que trabalhavam cobertos por uma leve cortina de discrição.

Joaquim Pedro deixara a Europa pelos EUA, onde passara a cursar particularmente com os irmãos Maysles. Por carta, ele participava seus progressos e explicava detalhadamente o funcionamento de um gravador suíço de nome bizarro: Nagra. Os Maysles empregavam uma American adaptada, mas, por sair, estavam duas câmeras ansiosamente esperadas: a Éclair 16 e a Mitchell R35.

Quando Joaquim Pedro chegou de volta ao Brasil, o ambiente ainda era o mesmo. (A contida saturação imaginativa provocada pelos artigos, ensaios e entretiens dos magos do cinema-direto e a angustiante necessidade de se ver *Primary, Showman, Poramyde Humaine*, que, afinal, nunca vieram ao Brasil).

Pouco após a chegada do jovem bolsista, começa-se a filmar, no Rio, um documentário sobre Garrincha, o famoso ponta-direita do *football* nacional. O realizador insere-se no esquema, lastimando a falta de equipamento específico. Filmado em 35 mm (aproximadamente 32 mil metros de película) e com algumas tentativas frustradas de captar em som sincrônico, a voz a as expressões naturais do jogador (um equipamento de estúdio empregado fracassou em virtude dos problemas de ciclagem) em seus habitats naturais, o documentário resultou numa obra freada, o meio-caminho entre o filme-direto-atual e o filme-montagem-histórico. Nota-se nele, sobretudo, um marcado fluxo das influências de Reichenbach que, inclusive, numa rápida viagem ao Brasil, chegou, uma noite, a assistir e elogiar alguns rushes já montados. Essa presença de Reichenbach no Rio foi, também, de certa maneira, o primeiro contato íntimo dos técnicos brasileiros com o gravador Nagra. Lembro-me como, de forma sucinta, e com o uso de apenas uma chave de fenda, ele explicou a um grupo a técnica de pós-sincronização que dispensava o uso prévio de fio entre câmera e gravador no momento das filmagens. Para uma outra estada futura, também curta, o cineasta ficara de nos apresentar outro gravador — o Stella Vox — o que afinal não aconteceu.

Em seguida, sucederam-se coisas em nosso apenas nascente universo cinematográfico. A Rockefeller Foundation, sob cujos auspícios Joaquim Pedro estudou na Inglaterra e nos EUA, com uma doação maciça à Diretoria do Patrimônio Histórico e Artístico Nacional, permite a criação ali de um Setor de Filmes Documentários, pela compra de uma câmera Artiflex 35mm equipada e de um gravador Nagra (não acoplados). A Unesco e a Divisão Cultural do Ministério das Relações Exteriores organizam, no Rio de Janeiro, um Seminário de Cinema, a ser ministrado pelo cineasta sueco Arne Stucksdorff. O referido cineasta chega no Brasil trazendo em sua bagagem farto equipamento pessoal, dois Nagras inclusive. Um grupo de jovens de todo o Brasil tem a chance gratuita de se iniciar no segredo das novas (embora ainda pesadas) técnicas cinematográficas.

Estamos em 1963. O cinema-direto no mundo toma um impulso extraordinário, no sentido do despojamento e da liberdade, da agilidade. Em junho, tenho a oportunidade de conhecer, em Sestri Levante, Itália, alguns novos líderes do movimento: o francês Mario Ruspoli, os canadenses Michel Brault e Pierre Juneau, Edgar Morin; revejo o amigo Louis Marcorelles, seu portavoz mais lúcido e eloquente. Nessa oportunidade e pouco depois em Paris, assisto a *Pour la Suite du Monde*, de Brault e Pierre Perrault, *Primary* e *Kennya*, de Drew e Leacock, *Seul ou Avec d'Autres*, de gilles Grouix e Brault. Começo a perceber a nova entidade no seu todo. A tendência e a obrigação é fazer dela o veículo por excelência da comunicação de massas, da pesquisa ao vivo, dos arquivos de sociologia. São divulgados, nessa oportunidade, os encontros de Lyon.

No Brasil, a coisa ainda está por se fazer. O campo é vasto. O documentário tradicional, nascido da pior linhagem didatizante, já não é mais aceito. Há, porém, o perigo de se querer arquivar o exotismo. Começa-se a preparar a produção de *Maioria Absoluta*, de Leon Hirszman. O realizador, até aqui um amante do rigor, desconhece as "veleidades" da câmera livre, do som transportável, e se desinteressa um pouco. De certa forma, uma preguiça inicial o aproxima do problema. Um técnico universal e obsessivo (o operador Luiz Carlos Saldanha) o incentiva. Não há blimp, deve-se portanto, filmar à distância. Nem há ligação entre a câmera e o gravador: apelar-se-á para a pós-sincronização, método Reichenbach (também citado por Jean Rouch num entretién, *Cahiers du Cinéma* 144). A preguiça aludida dispensa o trabalho de roteirização in abstrato, mas exige o dobro do rigor na montagem. Recorre-se a Nelson Pereira dos Santos; o filme é cartesiano. Um pouco frio, devido naturalmente ao uso de grandes focais. Na filmografia do realizador, é obra de transição. Em termos de cinema-direto, uma boa utilização dos recursos existentes. Há nele, apesar de bons resultados quanto ao sincronismo, alguns graves problemas de som.

A respeito de *Integração Racial*, filme subsequente, de Paulo César Saraceni, posso falar com mais fluência, porque dele participei como operador. Tentou-se uma liberdade maior em relação à *Maioria Absoluta*. Saraceni, embora não muito afeito à prática do direto, participou, em Sestri Levante, dos encontros e projeções com franceses e canadenses. E trouxe certas teorias às quais adaptou o material disponível. A obrigação de intimidade era uma delas, apesar das dificuldades impostas pelo peso, porte e ruído de uma câmera Arriflex 35mm. Usando algumas objetivas de focal curta (18,5mm e 35mm) conseguiu-se alguma intimidade com o objeto, sobretudo nos momentos onde o som direto não era absolutamente rigoroso. Noutros momentos fez-se o que se pode. Conseguiu-se, por outro lado, um recorde: com orçamento reduzido, filmou-se aproximadamente 2,7 mil metros e utilizou-se quase 1,2 mil metros. Isto é, uma margem de erro inferior a 3x1! Certa displicência foi também uma das chaves-mestras da criação na fase inicial. O filme é produto tipicamente elaborado "à brasileira", e se arma desse elemento que soma aos do seu conteúdo para fins de autenticidade. Sobre o tema, o realizador faz indagações geograficamente diferentes e na montagem as ordena de acordo com uma atmosfera psicológica previamente estudada. Como rigor científico, dirão os mais exigentes, o filme deixa a desejar, mas retrata com fidelidade certos flashes do problema incrustrados na alma do povo, o carioca em especial. É importante assinalar aqui o testemunho do professor Raymond Sayers, da Universidade de Columbia, NY, que se interessou vivamente pelo documentário tanto sob o prisma da sociologia quanto pelo seu aspecto formal, onde, segundo ele, o som apresenta alguns momentos de rara espontaneidade, que denuncia o falar brasileiro. Quanto a esta opinião, ela é reforçada por Paulo Emílio **Sales** Gomes, que afirma ter *Integração Racial* "retomado o falar no cinema brasileiro".

Depois de *Integração Racial*, *O Circo*, de Arnaldo Jabor, é outra experiência, desta vez aproveitando o uso da cor. Seu realizador é um jovem de 23 anos que, partindo do teatro, esteve indeciso entre que arte, das sete, escolher. O movimento cinematográfico, pelo seu estimulante aspecto de participação, funcionou de maneira a atrair sua atenção mais dedicada. Depois de *Maioria Absoluta* e *Integração Racial*, Arnaldo Jabor decidiu lutar pela feitura de seu primeiro documentário. Também produzido pelo DEC do Ministério das Relações Exteriores, *O Circo* é o resultado de uma série de estímulos criativos agindo sob a pressão da urgência num espírito jovem com ambição criativa. Por alguns momentos, o filme dá a impressão de se perder no universo infinito da cultura de massa, mas, a partir de certo ponto fixa-se num problema central e consegue inclusive comunicar o sentimento nostálgico da decadência circense. Seguindo de perto os princípios de *Integração Racial*, *O Circo* retoma, na rua, a espontaneidade do carioca, reencontra a linguagem pura do dia a dia, reforçada pelo sentimento exibicionista ingênuo do artista verdadeiramente popular. Segundo outro testemunho de Paulo Emílio Sales Gomes, o segredo particular do sucesso nacional desse filme vem mais do seu tema do que de uma convergência de qualidades intrínsecas: o cinema-direto aborda aqui um *leitmotiv* sentimental do cinema *tout court*; o tema do crepúsculo artístico que teve em Calvero o seu principal divulgador. O filme é, na sua maior parte, ingênuo, nervoso e encontra uma saída e uma conclusão expressivas, baseadas justamente no princípio de acúmulo dramático de um filme nascido de uma ideia e não de um roteiro. A película utilizada e o baixo orçamento da produção conduziram O *Circo* a certas restrições de ordem técnica que não frustram, entretanto, a sua intenção que, acima de tudo, está eivada de uma sutil consciência popular e democrática.

Uma velha ideia coletiva, nascida do fotógrafo Mário Carneiro, concretiza-se enfim através do direto de *Memória do Cangaço*, de Paulo Gil Soares, que é também uma interessante experiência de produção. Paulo Gil, ex-assistente de Glauber Rocha em *Deus e o Diabo na Terra do Sol*, é um dos maiores experts no tema cangaço em nosso território. Simples e pacato, esse jovem baiano realizou também o primeiro filme científico do gênero no Brasil. Sua intenção é a de desmistificar a ideia corrente que o cinema de ficção produziu sobre o cangaço no espírito do brasileiro. *Memória do Cangaço* parte de um roteiro prévio e através de entrevistas com sociólogos, médicos, historiadores e ex-cangaceiros chega ou procura chegar às conclusões mais precisas sobre o problema. A certa altura, como provas históricas, usam-se planos de um velho e célebre filme de Lampião (o mais famoso e terrível cangaceiro), rodado na década de 1930 por um mascate árabe que costumava correr, a negócios, o sertão brasileiro. Com *Memória do Cangaço*, chega-se a fechar um ciclo de produções em 35mm, cujas deficiências, pouco a pouco, começam a se fazer marcantes, uma vez que já se pretende sair de uma fase caracterizada tanto pelo entusiasmo quanto pela experiência.

O Brasil talvez seja o único país onde não se formulou, em termos, um sistema de produções no formato reduzido de 16mm, apesar de todas as dificuldades e de todas as restrições orçamentárias. Na verdade, o 16mm entre nós não chegou a se profissionalizar como deveria. No setor do equipamento nunca se foi muito além das câmeras Paillard Bolex, sendo muito escassa a utilização da Arriflex ou mesmo da Auricon. O processo de ampliação, a partir do negativo, foi ousadamente tentando pela primeira vez em *Garrincha, Alegria do Povo*. Além das deficiências na aparelhagem, em virtude naturalmente da pouca procura, os laboratórios ainda não apresentaram um resultado muito satisfatório e a qualidade do som é sempre bem mais precária. Esses inconvenientes, entretanto, não impediram as experiências de Thomaz Farkas, um paulista com ideias avançadas no campo da produção (co-responsável pela produção de *Memória do Cangaço*). O resultado dessas experiências são aguardados com imensa expectativa. Farkas é uma figura proeminente do comércio fotográfico de São Paulo que rsolveu fazer um plano de produção visando ao mercado das TVs estrangeiras. Realizou, em 16mm, três documentários utilizando seu equipamento particular: duas câmeras Arriflex e um Nagra.

Pelo que ficou exposto, imagina-se que independentemente de qualquer outro condicionamento, o cinema direto no Brasil luta contra as maiores dificuldes a ponto de, tão entretido com elas, não chegar sequer a teorizar sobre sua própria essência. O tema da preguiça que levantei com certa constância mais acima é importante para caracterízar um estado de espírito, uma inquietude e uma postura interrogativa a respeito de um novo e comunicativo veículo de informação. O tema, aliás, não é inédito e foi apresentado pelo próprio Jean Rouch em sua famosa réplica a Rosselini. Nossa condição de subdesenvolvimento, por outro lado, aceita essas deficiência e faz dela delas um ponto de partida, discutível (de um prisma tecnicista) mas que não é menos válido. (Não renegando nunca, porém, o ideal de um futuro bem equipado). Nosso estado e nossa tradição, porém, são ainda de jeito a enquadra-nos na denúncia do cineasta italiano...

Os filmes existentes, à exceção do *Integração Racial*, ainda não tiveram uma saída para o público no Brasil e se restringiram às sessões especiais no âmbito dos cineclubes. Ainda assim, pelo único exemplo existente, pode-se sentir que uma nova forma de comunicação nasceu e que a tão procurada espontaneidade foi, enfim, descoberta.

Não se pode pensar ainda nos termos das discussões teóricas como, por exemplo, Marcorelles o fez ao falar de "espontaneidade absoluta", de Leacock, da "contestação dialogada, cara a Edgar Morin", e, mais aprofundamente, de "fiction libératrice comme chez Rouch" ou de "événement révelateur (...) come cez Perrault". O que existe, verdadeiramente, é uma sensação progressiva de apreensão do fenômeno da comunicação, influenciado, é bem verdade, pelos ecos (sobretudo pelos ecos — o que é um fato interessante) do êxito dos filmes análogos feitos no exterior. E ainda mais, a par da fabulosa descoberta já citada, o seu efeito mais imediato e precioso: o palpável sentimento de aproximação da consciência. É a primeira vez que o documentário traz seu assunto de forma concreta, atraente e assimilável.

REENCONTRO COM O CINEMA NOVO

Glauber Rocha, Alex Viany, Gustavo Dahl, Leon Hirszman, Carlos Diegues, Paulo César Saraceni e Louis Marcorelles
1966

Em setembro de 1965, por ocasião do Festival do Rio, com a cumplicidade ativa de Gustavo Dahl, todo o Cinema Novo foi reunido na casa de Paulo César Saraceni no topo de um grande edifício moderno no Leblon. Glauber Rocha enfureceu-se com o idiota que o tinha feito levantar-se às dez da manhã; no Rio é comum não ir para a cama antes das cinco ou seis. Nelson Pereira dos Santos, retido pelas deliberações do Júri, tinha-se desculpado. Ruy Guerra, que foi convidado, não veio. Por outro lado, Gianni Amico, criador do Festival Latino-Americano da Costa da Ligúria, a quem devemos a descoberta dos brasileiros, e Marco Bellocchio, participaram no debate. Alex Viany, historiador e cineasta, precursor do movimento, também esteve presente. Isebella, senhora da casa, estrela de O Desafio *do seu marido Paulo César Saraceni, supervisionou a nossa suave loucura. Estávamos felizes, e sérios, sem excessos. - L. Ms.*

[Gustavo Dahl] Em primeiro lugar, o que é surpreendente num cinema como o nosso, que faz apenas trinta filmes por ano, é a existência de um mínimo de dez realizadores com algo a dizer, que estão a construir um importante corpo de trabalho. Talvez não haja mais deles em países como Itália ou França, onde a produção é, no entanto, muito maior. No Brasil, no espaço de alguns anos, surgiu toda uma nova geração, que já está a ter sucesso.

Existem razões culturais e sociais muito específicas para isto. Em 1940, apareceu no Brasil um movimento crítico-cinematográfico. Atingiu o seu auge em 1950, com a criação de cinematecas, cineclubes, etc. E foi por volta de 1960 que nasceu o Cinema Novo. A nossa geração de cineastas é uma das mais importantes do mundo, ao ter sido treinada exclusivamente pelo cinema. O subdesenvolvimento limita a cultura brasileira e dificulta o acesso ao cinema, que está um pouco à margem da cultura tradicional, em comparação com o acesso à literatura.

Devo dizer que todos os rapazes da nossa geração que desejam expressar-se tomaram este caminho, que quase se pode dizer que é único. Posso também dizer que o nosso cinema representa a nossa geração de uma forma abrangente. Homens do teatro, sociólogos, foram atraídos pelo cinema; realizadores, assistentes, operadores, etc., há uma cumplicidade muito grande entre cerca de trinta pessoas; todos se entendem, todos os empreendimentos se sobrepõem. Esta identidade de objetivos vem, sem dúvida, de uma profunda convicção que Glauber sublinhou na sua comunicação de Gênova ("Uma Estética da Fome" na Revista *Civilização Brasileira*, n.º 3, excertos em *Positif* nº 73): o cinema deve melhorar o mundo em que vivemos. No nosso caso: o país onde vivemos. É esta convicção que assegura, para além das variações individuais, a nossa unidade.

[Louis Marcorelles] Mas o que impressiona um europeu como eu no cinema brasileiro é, para além da sua ligação à realidade nacional, a sua preocupação em encontrar uma estética original e autenticamente heróica. Será isto verdade?

[Glauber Rocha] Como Gustavo disse muito bem, o Cinema Novo é uma consequência da descoberta crítica da nossa realidade. Há dez anos, o Brasil ainda vivia uma espécie de nacionalismo romântico, mesmo no que diz respeito à atividade da esquerda revolucionária. No entanto, depois do que chamo de a descoberta crítica de todos os âmbitos da cultura brasileira, este nacionalismo deixou de ser romântico, e foi-se embora. Percebemos que estávamos a viver numa sociedade subdesenvolvida e historicamente excluída do mundo moderno e que precisávamos conhecer mais profundamente esta realidade em que vivemos para encontrar o caminho para a emancipação. Assistimos também ao nascimento do reformismo e de atividades revolucionárias mais radicais. Tudo isto culminou no governo de João Goulart, um momento que pode ser considerado o clímax desta crise, desta descoberta.
Somos de uma geração que saiu deste clima, a geração que construiu Brasília. Juscelino Kubitschek construiu esta cidade no planalto central do Brasil, falando sobre o nosso futuro, criando uma ideia de desenvolvimento que era absurda, mas abrindo, no entanto, novas perspectivas. O Centro Brasileiro de Estudos Sociais data deste período. A origem do cinema novo reside nesta descoberta geral da realidade brasileira. Marco Bellocchio observou que é a unidade política que nos leva à unidade profissional. Nós pensamos que o cinema pode ser um grande instrumento de conhecimento da realidade brasileira, de questionamento desta realidade e mesmo de inversão. Pode ser um instrumento ativo de agitação política. É a partir deste princípio único, que permite múltiplas experiências de acordo com o temperamento de cada cineasta, que o cinema brasileiro começa a existir.
A expressão "Cinema Novo" significa que o nosso cinema está apenas a nascer. O que existia antes era apenas um artesanato desprovido de qualquer sentido

cultural ou industrial. Hoje, o Cinema Novo é o cinema brasileiro e a sua história está a ser escrita como um dos capítulos mais importantes da história do Brasil. Esta vocação crítica, política e real do novo cinema brasileiro será afirmada dia após dia.

De fato, Marcorelles, este compromisso não existe sem uma busca de originalidade formal. Está tudo ligado. Um cinema que quer ser desalienado tem obviamente de provar que escapa a todo o academicismo. A cultura brasileira é extremamente complexa e permite uma grande variedade de estilos para além de uma base comum. Chegar ao público com uma *mise-en-scène* tradicional ou formalista seria negar a existência de um corpo de trabalho em movimento. Se ainda não chegamos ao público da forma que desejamos, é porque ainda não encontrámos uma forma de ultrapassar os mitos e a alienação. Isto é o que procuramos.

[Louis Marcorelles] Saraceni, você acaba de terminar um filme que trata dos problemas do intelectual brasileiro perante os acontecimentos atuais. Gostaria que falasse sobre as dificuldades encontradas em termos de linguagem e estilo, e de saber se também pensa como o público irá receber o seu filme.

[Paulo César Saraceni] Nós sofremos um trauma devido ao golpe militar que derrubou o Presidente João Goulart. Passamos por um momento de perplexidade, medo e mesmo angústia. Após o momento eufórico que foi mencionado, encontramo-nos de frente para uma parede. Eu fiz *O Desafio* para expressar este sentimento.

[Louis Marcorelles] O seu filme não é alheio ao *Le Chat Dans le Sac*, de Gilles Groulx.

[Paulo Cesar Saraceni] Eu vi o filme de Groulx em Florença, antes de filmar o meu. Esclareci alguns dos problemas que já tinha tido com a realização de *O Desafio*. Além disso, havia nele muitos elementos que eu tinha a firme intenção de introduzir no meu filme. A relação pára aí. Groulx utilizou o cinema direto, o que eu não pude fazer.

[Louis Marcorelles] Hirszman, você acabou de fazer *A Falecida*, e gostaria que explicasse o seu desejo de conciliar a crítica social com o acesso a uma vasta audiência.

[Leon Hirszman] Não estamos discutindo este ponto. Se quisermos desmistificar, temos de enfrentar o problema da relação do nosso trabalho com o público. Antes de mais nada, ele deve ir vê-lo. O nosso cinema não estabeleceu uma comunicação real com as camadas mais profundas do público brasileiro.
Na minha opinião, o que é verdadeiramente novo na nossa contribuição para o cinema de autor é que se trata de mudar a realidade brasileira na qual estamos constantemente inseridos. Portanto, podemos discutir livremente qualquer tema, o que nos leva necessariamente a uma ação que todos nós temos em comum. O Cinema Novo não é, portanto, um cinema fechado, centrado em certas particularidades sociais ou políticas, mas livre de ir aonde quiser em busca do homem, desde Copacabana até o Nordeste. Não abordamos um tema, digamos verticalmente, à maneira de Bergman ou Antonioni, tentamos armar-nos ideologicamente a fim de melhor compreender a realidade em que vivemos.
A este respeito, filmes como *Porto das Caixas* ou *O Desafio* propõem uma nova concepção de cinema de autor. Quanto ao problema da comunicação, da compreensão, que está no centro da nossa investigação, só podemos responder através dos filmes que fazemos. A resposta pertence ao futuro, na medida em que não estamos fechados, não dizemos a nós próprios: "Têm de fazer isto, têm de fazer aquilo", mas antes prestamos atenção às reações do público. No que me diz respeito, pretendo fazer uma experiência que será a seguinte: Quero aplicar este conceito de cinema do autor para alguns mitos atuais. Assim, algo como a chanchada, que é uma comédia músico-carnavalesca de baixo orçamento, tem a sua importância. É um certo tipo de comédia simplificadora e primária, mas que, nascida entre 1945 e 1960, responde à necessidade de um certo público de se entreter, mesmo que seja representado de forma desajeitada e com falta de experiência. Gostaria de partir da presença de mitos sociais na nossa realidade. Assim, após o golpe de abril, o medo, o medo de perseguição, a ausência de uma atividade definitiva, tudo isto representa uma mitologia social muito precisa cujos aspectos concretos devem ser analisados. É por isso que eu quero fazer

Garota de Ipanema. O mito desta jovem está muito vivo em diferentes regiões do Brasil, para o nordestino, por exemplo. Trata-se, portanto, para mim, de utilizar o filme como instrumento para o conhecimento da nossa realidade, sem lhe impor qualquer limitação. Analiso os aspectos desta realidade que são susceptíveis de conduzir o espectador ao cinema, e por isso permito que ele adote uma posição crítica perante a seus problemas.

[Gustavo Dahl] Se aceitarmos esta função desmistificadora do Cinema Novo, devemos perguntar-nos se a incapacidade de compreensão que encontramos no público não está ligada ao seu estado subdesenvolvido que o impede de receber qualquer crítica. Para mim, este é o nosso grande problema.

[Leon Hirszman] Exatamente, e se não fosse assim, não estaríamos naquela sociedade, fazendo aquele cinema. Esta dificuldade que encontramos é inevitável, uma vez que o cinema só pode superar a alienação se o público a que se dirige for alienado. Temos de contar com isto, e é por esta razão que quero trabalhar a partir de algo como um mito social, que, *a priori*, é de grande interesse para o público.

[Louis Marcorelles] Joaquim Pedro, embora tenha uma grande experiência em filmes documentais, parece estar preocupado sobretudo com uma composição muito rigorosa, com o classicismo, quase se poderia dizer. Qual é a sua opinião sobre estes projetos?

[Joaquim Pedro de Andrade] Esta tendência que tem notado nos meus filmes para um certo rigor, um certo classicismo, é para mim uma pura questão de eficiência em termos de expressão ideológica. A partir de uma ideologia, encontrar a forma mais eficaz e aplicá-la à realidade prevista, é para mim o problema essencial. As contradições de longo alcance que podem ser vistas nos meus filmes provam que este problema ainda está em aberto, sem resolver para mim.
Temos uma consciência extremamente forte do social, do coletivo. Esta consciência, que é atual, vai ao ponto de se apropriar do passado. Assim, o filme de Glauber Rocha *Deus e o Diabo na Terra do Sol* aborda os problemas pessoais

atuais do cineasta mas na nossa formação — especialmente talvez na minha — os elementos deste passado recente ou mesmo distante estão tão vivos que encontramos o seu reflexo no presente como o mostramos. Esta é, diria eu, uma das características do Cinema Novo: tratar de temas pertencentes ao passado, mas que, como não é fixo, nos informam sobre o presente. Tendo alcançado uma certa coerência ideológica, o cinema deve então enfrentar problemas formais muito clássicos que são depois resolvidos da mesma forma, penso eu. Mas eu ainda não cheguei a esta coerência, daí as minhas preocupações.

[Louis Marcorelles] Mas você fez *Garrincha*, *Couro de Gato*, que pode ser ligado, em certa medida, ao cinema-direto. Mas hoje, parece-me que você hesita, que tem dúvidas sobre esse tipo de cinema.

[Joaquim Pedro de Andrade] Para nós, o problema é de natureza econômica. Há mais de um mês que tento fazer uma curta-metragem ao vivo sem sucesso. Seria um filme sobre a questão da vocação. Imediatamente começámos a transigir, foi necessário que um instituto produzisse o filme, especificamente o Instituto Nacional de Cinema Educativo. Por isso, tentei olhar para o problema do ponto de vista das autoridades oficiais, a fim de o resolver. Mas o que me interessava, o que, de toda a amplitude da questão, eu gostaria de privilegiar, era o seu aspecto social em particular. Tenho hoje a sensação de que não farei este filme. Posso realizar o meu projeto mais facilmente no campo da ficção.

[Louis Marcorelles] Está aqui também Carlos Diegues, cujo filme *Ganga Zumba* é talvez o melhor exemplo das contradições sobre as quais temos conversado. Queria lhe pedir para falar sobre a sua experiência.

[Carlos Diegues] Antes de mais nada, queria dizer que é muito difícil para nós falar sobre o nosso cinema. O cinema brasileiro é, acima de tudo, um *work in progress*. Por outro lado, muitas das coisas que foram escritas sobre o *Ganga Zumba* não me preocupavam quando fiz o filme. No entanto, por razões que me sao um pouco estranhas, elas apareceram no filme, elas estavam lá. De qualquer modo, prefiro não falar sobre o que pretendo fazer. No entanto, posso falar sobre as minhas preocupações. O que me preocupa é que, em geral, o cinema brasileiro se tenha colocado, devido à origem dos seus realizadores, numa posição de respeito pela sociedade brasileira que não é desprovida de uma qualidade paternalista. Os filmes não vão suficientemente ao fundo das questões. Apenas revelam a nossa miséria, que já não precisa apenas ser revelada, mas também ser interpretada. O que caracteriza os nossos filmes não é o que gostaríamos de colocar neles, mas o que nos faz sentir mal. Filmamos uma miséria que não podemos suportar. O nosso desejo de sermos brasileiros, de fazermos filmes brasileiros é mostrar o ódio e a exasperação causados por este estado de coisas. Glauber disse em Gênova que o nosso cinema era determinado por um nexo comum a todos nós, o da justiça. Esta frase resume o problema. Em *Ganga Zumba*, tentei abordar esta realidade de uma forma que é ao mesmo tempo fábula e análise. Isto talvez se deva à minha formação racionalista. Devo dizer que esta é a razão pela qual é um fracasso. O esquema de onde comecei era demasiado racional, demasiado frio, para corresponder à realidade que o filme previa quando o filmei. *Ganga Zumba* foi de fato uma grande lição para mim. Tirei daí as consequências. Penso agora que é mais importante odiar o que está à minha frente do que analisá-lo friamente, porque as condições objetivas necessárias para isso não podem ser cumpridas no cinema brasileiro.

Pessoalmente, não pensaria que o documentário revelaria tudo isto de forma mais eficaz. Eu respeito o cinema-direto, é extremamente interessante, mas é apenas mais uma forma que o cineasta tem de se expressar. A orgia de som direto, de cenas filmadas com câmera na mão, etc., tudo isto me lembra, na altura do nascimento do cinema sonoro, o uso de ruídos e música, o que acabou por tornar o filme insuportável. Penso que estamos a viver na era de um novo elemento dramático que deve ser utilizado como ferramenta e nada mais. De fato, na sua essência, o cinema é, acima de tudo, um espetáculo. Só penso no cinema em termos de cenário. Quando sou confrontado com um assunto que considero importante para um determinado tipo de filme, procuro a forma mais eficaz e apropriada de o apresentar. O objetivo é alcançar um cenário que permita ao público brasileiro compreender o que eu quero que compreenda o mais rápida e minuciosamente possível.

[Gustavo Dahl] Penso que já cobrimos praticamente todas as questões teóricas com que temos de lidar. É agora o momento de lidar com o segundo aspecto que é…

[Leon Hirszman] A merda!

[Gustavo Dahl]: Sim, a merda, como diz Leon: as condições de produção, distribuição…

[Louis Marcorelles] O problema é que praticamente todos os filmes de que temos falado tiveram um sucesso limitado. Sem dúvida, é esta a prática de todos os filmes, conhecida como Nouvelle Vague, em geral… Assim, gostaria que falássemos, por exemplo, sobre o projeto de distribuição. Como é que é? Será útil para a produção posterior? Os seus filmes são vistos por todos ou por um público especializado? Como vocês vêm o futuro? Não será uma questão de encontrar as saídas corretas, por um lado, e, por outro, de fazer filmes especificamente para este ou aquele público?

[Glauber Rocha] Em primeiro lugar, nós, como produtores independentes do cinema brasileiro, não temos a ideia preconcebida de fazer filmes para um público específico. O nosso desejo foi sempre o de fazer filmes para todo o público, filmes que, por várias razões, falharam na ligação com o público. Uma das razões é a qualidade insuficiente destes filmes. Este é um problema da realização de filmes. Mas há outro problema: a distribuição de filmes no mercado brasileiro. O cinema norte-americano tem a parte do leão do mercado. Depois vêm os cinemas francês, italiano e japonês. O cinema brasileiro tem conseguido bons resultados, mas ainda tem de contar com distribuidores que não estão suficientemente organizados. Se, por acaso, são, então é para explorar o cinema independente do nosso país de uma forma vergonhosa.

No entanto, filmes como *Vidas Secas*, *Ganga Zumba*, *Deus e o Diabo na Terra do Sol*, *Porto das Caixas*, *Garrincha Alegria do Povo*, etc., são lançados em dez ou doze salas de cinema. Este é um grande circuito que cobre o Rio desde a parte sul da cidade (onde a burguesia é dominante) até à parte norte (onde moram os trabalhadores). No entanto, foram um relativo fracasso na bilheteira. Há provavelmente muitas razões para isto. Antes de mais, o nosso filme é um substituto da chanchada, o musical popular, que teve um grande público. Estamos empenhados num cinema mais intelectual, que apresenta uma série de problemas que o público não estava habituado a ver no ecrã, por vezes abordado de uma forma algo hermética, tecnicamente inacabada, numa encenação mais experimental do que verdadeiramente realizada, com uma interpretação por vezes defeituosa e um som sempre muito mau. Não é, portanto, difícil compreender que o público em geral tenha rejeitado este cinema; mesmo que alguns deles tenham demonstrado um grande interesse pelo nosso trabalho. Por vezes, os filmes têm tido sucesso no Rio e falhado em São Paulo e vice-versa.

Em todo caso, no que diz respeito à distribuição, a má organização foi muito prejudicial para os nossos filmes. Apesar de terem sido lançados numa dúzia de cinemas nas primeiras semanas, não conseguiram a distribuição que pretendíamos. Na província de São Paulo, que por vezes representa 60% do mercado brasileiro, o problema é que os filmes não estão disponíveis nas salas de cinema. O problema é ainda mais grave do que no Rio, porque é um mercado muito bem organizado para filmes estrangeiros penetrarem, mas não para filmes brasileiros. *Ganga Zumba*, por exemplo, fez 25 milhões de cruzeiros no Rio, mas apenas 3 mil milhões em São Paulo.

Depois desta experiência, e sabendo que os filmes brasileiros só estavam programados para cumprir o decreto que estabelecia um mínimo de 56 dias por ano para a distribuição de um filme, decidimos formar a nossa própria empresa de distribuição. Com onze diretores e produtores, associados a Luiz Carlos Barreto, fundamos uma empresa de distribuição, para que pudéssemos encontrar o nosso próprio mercado. Este mercado tem potencial para existir e não há dúvida de que pode ser consideravelmente aumentado.

A experiência ainda mal começou. A nossa empresa lançou o filme *Crime de Amor*, que não faz exatamente parte do Cinema Novo, mas que tem certas qualidades. O primeiro lançamento de cinema novo será *O Desafio*, de Paulo César Saraceni, que tem todas as características do nosso movimento. É um filme independente, sem qualquer concessão, violento e original. Vamos ver a partir desta experiência se é possível regressarmos ao nosso mercado. Depois lançaremos

O Padre e a Moça, de Joaquim Pedro de Andrade, *Menino de Engenho*, de Walter Lima Jr, *A Hora e a Vez de Augusto Matraga*, de Roberto Santos e toda uma série de filmes com o mesmo espírito. Veremos então onde está a verdade do cinema brasileiro. Teremos um contato direto com o programador, colocaremos os filmes como queremos que eles sejam. Faremos marketing direto para o nosso mercado.

[Carlos Diegues] Ao contrário do novo cinema do resto do mundo, o Cinema Novo não é composto por aqueles que se colocaram à margem da indústria já estabelecida, mas está em vias de se tornar o mestre da indústria através da criação do seu próprio cinema. Os outros não têm indústria, nós estamos construindo a nossa própria.

[Louis Marcorelles] Quanto custa um dos seus filmes?

[Leon Hirszman] De quarenta mil a setenta mil dólares.

[Louis Marcorelles] De onde vem o dinheiro?

[Joaquim Pedro de Andrade] Dos bancos, que o emprestam aos produtores. Atualmente, uma parte dela provém do governo da cidade do Rio, de um fundo constituído por impostos sobre os espetáculos públicos.

[Leon Hirszman] Agora — e isto é uma espécie de vitória para nós — a indústria brasileira está interessada na produção de filmes.

[Gustavo Dahl] O Brasil é um país inflacionário, por isso foram-nos oferecidos empréstimos fáceis. Aproveitámos para pagar taxas de juro elevadas, tais como 48% ao ano, 4% ao mês, e ainda mais...

[Joaquim Pedro de Andrade] 90% dos filmes foram produzidos pelo diretor.

[Louis Marcorelles] As vendas no estrangeiro desempenham algum papel?

[Gustavo Dahl] Até agora, os filmes que foram lançados são apenas exceções. Estão *Vidas Secas*, devido ao sucesso em Cannes, *Assalto ao Trem Pagador*, porque se trata de um filme policial. A exportação não poderia ter tido qualquer papel importante na resolução dos nossos problemas. A verdade é que os grandes mercados estão em crise e não querem agravar a crise. É muito difícil fazer um filme e pagá-lo no mercado doméstico. Os filmes brasileiros vão se aproximar cada vez mais das normas internacionais em termos de qualidade técnica. Temos de nos ocupar da distribuição dos nossos filmes. Pode começar como foi com *Vidas Secas*, no cinema de uma casa de arte parisiense ou pela televisão, como foi o caso na Bélgica. Mais cedo ou mais tarde, o cinema brasileiro conquistará o mercado estrangeiro, mas este mercado só poderá ser conquistado na medida em que os filmes brasileiros possam aprender dos modelos internacionais de produção e técnica.

[Louis Marcorelles] Mas, será que conseguirá ter uma certa independência ideológica no atual contexto político e social brasileiro? Porque parece que vocês fazem quase todos os filmes que querem fazer, e que a censura os deixa bastante livres...

[Carlos Diegues] O problema não é nosso. É deles. De fato, fazemos quase todos os filmes que queremos. Talvez os nossos novos filmes possam acabar censurados, mas isso não é da nossa conta. Em qualquer caso, não há censura para os roteiros. A censura só entra em ação depois, mas ainda não deixou de sancionar nenhum filme. Contudo, o nosso primeiro filme teste será *O Desafio*, que está liberado até agora. Mas como podemos saber o que os censores farão?

[Joaquim Pedro de Andrade] É preciso dizer que conseguimos fazer filmes porque nós próprios os produzimos. Não existe uma produção profissional realmente organizada no Brasil. Os produtores profissionais são muito raros. Por outro lado, tiramos partido de algumas das contradições políticas do país. Não é bem verdade dizer que não temos, de momento, censura sobre o roteiro. Por exemplo, a maioria dos nossos filmes foram financiados pelo governo de Carlos Lacerda, o nosso adversário político. Porque é que Lacerda teria financiado os nossos filmes, se não por razões de táticas políticas que responderam a certas necessidades, em momentos chave? Quando sentiu que o governo estava a se afastar dele, depois de eleições difíceis e quase perdidas, precisou dos intelectuais por razões de prestígio. Primeiro, tentou nos conquistar, depois deixou-nos fazer filmes sem impor censura ao roteiro, porque já estava envolvido na campanha presidencial e queria aparecer como o defensor das liberdades democráticas. Aproveitámo-nos deste estado de coisas, mas estamos, de fato, à mercê da evolução dos acontecimentos. Temos uma pequena influência sobre esta evolução, mas estamos na sua maioria condicionados por ela. Os nossos filmes serão feitos ou não, dependendo se a situação atual evolui ou não, e da direção que tomará. Em tudo isto que acabo de dizer, é evidente que há uma tentativa de corrupção. Fomos chamados corruptos porque fomos oficialmente sancionados, mas da mesma forma, se recebendo dinheiro de um governo como este — do Carlos Lacerda — podemos fazer os filmes que queremos, achamos a situação bastante interessante.

[Gustavo Dahl] Gostaria de acrescentar que a relativa liberdade de que gozamos se deve também à falta de preocupação do governo federal com o cinema brasileiro. Como não se preocupam com isso, podem facilmente deixar passar um filme como *Deus e o Diabo* logo após o golpe. O que acontece então é uma espécie de desprezo pelo cinema por parte das pessoas ligadas à política e ao governo do Brasil.

[Leon Hirszman] É também importante notar a sua grande estupidez.

[Louis Marcorelles] É possível falar de uma influência do neo-realismo, o cinema americano, a Nouvelle Vague sobre o trabalho de vocês?

[Paulo Cesar Saraceni] Tais influências variam de acordo com cada cineasta. No que me diz respeito, como todos aqui sabem, tenho uma grande admiração por Rossellini, mas quando dirijo, tento evitar o mais possível esta influência. Walter Lima Jr., que foi crítico durante muito tempo, tem uma grande admiração pelo cinema norte-americano. Leon e Carlos foram influenciados pelo cinema japonês, especialmente Kurosawa. Este é também o caso de Glauber.

[Gustavo Dahl] Talvez seja possível resumir isto da seguinte forma: Vimos muitos filmes norte-americanos numa altura em que os filmes europeus quase nunca eram exibidos aqui. O cinema norte-americano tornou-se então uma espécie de "paraíso perdido", quando descobrimos o neo-realismo e o cinema europeu em geral. Finalmente, houve a influência da Nouvelle Vague, que considero decisiva, não como uma influência de um autor sobre outro, mas como um movimento que criou o mito dos jovens no cinema. O mito do jovem autor.

[Leon Hirszman]: E o não-cineasta.

[Gustavo Dahl] Sim, do não-cineasta, ou seja, de alguém que aborda o cinema a partir do exterior, sem ter seguido o processo de realização do filme: do assistente. Neste sentido, o fenômeno Nouvelle Vague tem sido muito útil no Brasil. Devido à nossa posição política, estávamos interessados no realismo, no neo-realismo e no cinéma direct. Então, a Nouvelle Vague teve um impacto muito grande no nosso país. Tentámos tirar daí a lição.

[Louis Marcorelles] Vocês podem descrever a importância do cinema brasileiro na América Latina?

[Leon Hirszman] O nosso cinema, devido à influência da cultura norte-americana e francesa na nossa, sempre teve como ponto de partida a Europa e os Estados Unidos. Sabemos muito pouco sobre a América Latina em todas as áreas. Conhecemos Paris melhor do que o maior escritor de qualquer outro país da América do Sul. Devemos isto ao regime colonial. Mas isso está a mudar. Atualmente, estão a ser feitas tentativas para unificar o mercado latino-americano, para comunicar com os outros países independentes do continente. Agora sabemos que o nosso negócio é o reconhecimento da América Latina, e que constitui a única luta que estamos a travar para libertar este país do imperialismo norte-americano.

Entrevista gravada no Rio de Janeiro, setembro de 1965.

FALA GLAUBER ROCHA

Glauber Rocha e
Rogério Sganzerla
1966

Hoje, sem dúvida alguma, o Cinema Novo pode se considerar realizado. Afirma-se depois de quatro anos de luta, realizando seu projeto fundamental: fazer filmes fortes. Um dos seus principais elementos, Glauber Rocha, fala sobre a situação atual do Cinema Novo:

— Nós que desde o início fizemos cinema como política cinematográfica, a primeira geração do Cinema Novo (Nelson Pereira dos Santos, Carlos Diegues, Paulo César Saraceni, eu) indiscutivelmente conseguimos: 1) uma distribuidora com possibilidades de colocar nossos filmes no mercado nacional e com vantagens iguais e superiores aos concorrentes, aos homens das "chanchadas" cômicas e dramáticas. Esta distribuidora — a DIFILM — é consequência de um público de Cinema Novo que cresce, embora lentamente, de maneira sólida. Na Guanabara existe uma legislação, financiamento e premiação que permite ao Cinema Novo uma produção mínima de seis filmes por ano. 2) Nosso movimento praticamente formou técnicos e fotógrafos como Dib Lutfi, Fernando Duarte, Waldemar Lima, Mario Carneiro e Luiz Carlos Barreto, homens que criaram uma nova escola de fotografia — moderna, participante — no Brasil. 3) Nossa política de produção também possibilita que cada diretor possa ser um produtor independente, o produtor de seus próprios filmes.

Foi com o esforço da primeira geração do Cinema Novo que uma segunda geração (Walter Lima Jr., Arnaldo Jabor) pode hoje desenvolver um cinema mais amadurecido e principalmente mais comunicativo. Aproveitam as experiências anteriores: eles estreiam com maior segurança. Já não há mais no cinema brasileiro o temor do diálogo, do ator, da câmera, o temor do ritmo. Existe uma pequena tradição no cinema brasileiro que — no plano artesanal — não é mais uma aventura rumo ao desconhecido. Um fenômeno curioso: — Já há no Brasil a influência das influências. O filme brasileiro já se influencia a si próprio. Ele só tem a ganhar com o perpétuo diálogo de renovação entre seus diretores. É um fenômeno discutido na Europa. Em cinco anos, o Cinema Novo conquistou 22 prêmios internacionais. Entre outras coisas há o sucesso de *Vidas Secas* em Paris; a Retrospectiva de Berlim exclusivamente sobre Cinema Novo; a atenção da imprensa francesa e das revistas *Positif* e *Cahiers du Cinéma*. Em pouquíssimo tempo de existência, o Cinema Novo tem possibilidades de tornar-se um dos mais importantes do mundo.

Concentra-se, assim, no Brasil, todo um laboratório cinematográfico que se transforma num momento histórico dos mais importantes do século XX. E na verdade só há dois problemas neste século: o apocalipse entre a Era atômica e a Era subdesenvolvida, que conhecemos. A bomba e a fome dividem a Terra.

A revolução cultural do Brasil no século XX é a revolução introduzida em 1922 por Mário de Andrade em São Paulo. O que aconteceu de 22 para cá no plano da literatura brasileira vem daí. Com a consumação daquela geração, a arte brasileira entrou em crise. Não se teve, depois da guerra, nenhum poeta como Drummond, nenhum músico como Villa-Lobos, nenhum romancista como Graciliano – nenhum líder cultural como Mario de Andrade. Da frustrada geração de 1945 só há um fenômeno isolado participante: João Cabral de Melo Neto, o único que chegou a uma poesia social em termos concretos (que evitou o formalismo, as abstrações e a metafísica "furada" dos seus companheiros que se dirigiam a um novo parnasianismo). O academicismo dominava, o Brasil parou, a linguagem entrou em crise. A única coisa que abalou, depois, foi, já na década de 1950, um movimento puramente revisionista — o concretismo. Naquela amálgama de decadência. Mas só destruiu e demoliu porque também se encerrou, não correspondendo às necessidades de uma cultura subdesenvolvida. Seu grande mérito foi o de despertar uma nova geração e pode-se dizer que foi nas páginas do famoso *Suplemento Literário do Jornal do Brasil* que nasceram os germes do teatro brasileiro, da música bossa nova e o Cinema Novo — os três movimentos culturais mais importantes do Brasil.

Não se deve negar, contudo, que o movimento do Teatro de Arena nasceu independentemente do concretismo, sendo — embora falho — em termos de linguagem, muito mais salutar, porque redescobriu em termos políticos o nacionalismo que fora descoberto em 1922 em termos estéticos. O Cinema Novo tem sua origem na confluência dos movimentos do Teatro de Arena e concretismo, uma origem da qual imediatamente se afastou para ganhar uma dimensão bastante diversa — levada pelas implicações próprias do cinema.

A crise da literatura brasileira continua. Mas continua porque os artistas da nova geração, que antes seriam emulados à ficção e à poesia, dirigiram-se a linguagens mais modernas e adaptadas ao nosso tempo: teatro, música e cinema. E o cinema, como expressão mais forte destas três, é o que conglomera maior número de jovens.

O fenômeno Cinema Novo é "novo" porque: é novo dentro do panorama cultural de que estava marginalizado o tradicional cinema brasileiro; é novo como fenômeno cultural, que no dizer de Louis Marcorelles, "é o único que, fazendo sua própria história cinematográfica, faz ao mesmo tempo a história de um país".

O Cinema Novo nasceu da própria revolução social por que passou o Brasil. No momento em que surgia Brasília e o país despertava. E é justamente por causa desta novidade — a novidade do país que desperta — que a linguagem deste cinema, embora presa de influências estrangeiras, pode apresentar momentos especiais de criação. Uma delas é a narrativa integrada com música, que começa a criar um estilo de comunicação: *O Desafio, Ganga Zumba, Couro de Gato, Menino de Engenho* — em que a música participa diretamente no contexto, agindo quase como uma moral — fato estranho em todo cinema. Outra é a libertação da realidade para o fantástico (a morte da cachorra em *Vidas Secas*, a de Ganga Zumba, o esfolamento e a visão final em *Deus e o Diabo*, a transcendência negra de *Ganga Zumba*, os próprios estados de alucinação do personagem de *O Desafio*). Este sintoma reflete um problema muito importante: o cinema brasileiro está tendendo, depois da falência de um cinema político-programático, com a revolução de março, à superação de um realismo crítico comportado e ruma a um realismo poético revolucionário. Este sintoma tem muito a ver com a própria tradição da arte latino-americana, exatamente no momento em que o bloco latino-americano toma mais consciência de si mesmo. Porque somente uma linguagem do absurdo pode expressar este contexto absurdo que vivemos. E não é por acaso que Buñuel, um cineasta espanhol, caracteriza-se por esta poética da violência. Sua originalidade diante do cinema mundial não é produto de seu gênio individual, mas um reflexo profundo da cultura ibérica, da qual somos herdeiros. Evidentemente esta é uma tendência predominante no plano teórico, mas posso adiantar, inclusive, porque conheço os projetos de filmes a serem feitos neste ano, que pelo menos três deles se dirigem neste sentido: *Brasil, Ano 2000*, de Walter Lima Jr.; o atual *A Grande Cidade* e o próximo *Brado Retumbante,* de Carlos Diegues, *Comme Il Était Bon Mon Petit Français*, de Nelson Pereira dos Santos, além do meu, *Terra em Transe.*

O autor de Barravento continua:

— É claro que há também outras tendências. Mas o que caracteriza fertilmente o cinema brasileiro é a sua capacidade em experimentar várias escalas de gêneros e estilos. A primeira fase do Cinema Novo, a que vai justamente de *Rio 40 Graus* a *Vidas Secas* (e inclui *Cinco Vezes Favela, O Grande Momento, Barravento, Porto das Caixas, Ganga Zumba*), é a que pode ser chamada iniciação e superação do neorrealismo italiano. A que se inicia com *Deus e o Diabo*, a segunda fase, vai dar em *Menino de Engenho* e *O Desafio*, marca uma superação do moderno cinema europeu. Em busca de caminhos mais diversificados, o Cinema Novo dá até uma volta ao cinema americano, esquecido e repudiado desde *O Cangaceiro*, o último filme "americano" feito no Brasil. Nesse caso se inscreve *Menino de Engenho*, que pode ser definido como uma obra do cinema americano revisto pelo cinema moderno — mas, sobretudo, dentro do melhor estilo brasileiro e da nossa melhor escola: Humberto Mauro.

É muito cedo para se definir qual "o cinema brasileiro por excelência". Para mim, o estilo por excelência é esta inquietação em busca de um estilo; porque não temos tradição cinematográfica e vivemos fatos político-social-econômicos novos a cada instante e o Brasil se desenvolve aos brados, aos gritos, aos impulsos e aos abortos. Um cinema verdadeiramente expressivo é o que se desenvolve assim: — aos brados, aos gritos, aos impulsos, aos abortos.

Somente por mediocridade artística e pobreza da imaginação, pode se pensar que a linguagem do cinema brasileiro pode ser elaborada em escritórios de produção ou no manifesto disciplinado de salvadores da pátria. O cinema político-maniqueísta provou em toda parte do mundo que o espectador é refratário às mensagens prontas. Uma obra de arte é um processo dramático-dialético: o perder-se e o descobrir-se, um ciclo ininterrupto que é o elo verdadeiramente profundo entre o espectador e o filme. O cinema moderno é a dialética da percepção e somente através de uma linguagem contemporânea (com todas as liberdades exigidas ou necessárias) é que se podem expressar problemas novos.

— *Parece-me que a atual fase do Cinema Novo oferece também um novo papel ao produtor. Também ele pode ser autor. Diretor e produtor participam independen-*

temente ou conjuntamente (a maioria dos casos) como autores de cinema. É o seu caso em Menino de Engenho...

— Um clima prático possibilitou que os diretores brasileiros fossem produtores e que uma fita importante valesse mais do que a própria autoria individual. Tanto é que, ao invés de realizar outra fita após *Deus e o Diabo*, lancei-me à produção de *Menino de Engenho*, de Walter Lima Jr. As pessoas que pensaram que eu parei, enganaram-se. *Menino de Engenho* é resultado de um profícuo trabalho administrativo/econômico; a distribuidora DIFILM é resultado de minha relativa criação e a Mapa Filmes é outro resultado prático — além do roteiro de *Terra em Transe*. Como produtores, eu e Luiz Carlos Barreto tentamos impulsionar todos os diretores novos ou veteranos que possuam realmente projetos significativos. Depois de *Menino de Engenho*, que revelou em Walter Lima Jr., um diretor amadurecido e pronto para a profissão cinematográfica, a Mapa vai produzir *O Doce Esporte do Sexo* (filme de *sketches*), a ser dirigido por cinco estreantes (Eduardo Escorel, Antonio Calmon, Rogério Sganzerla, Júlio Bressane, Paulo Mello) e o primeiro longa-metragem de Gustavo Dahl — *A Cruz e a Praça*.

O processo de seleção para o exercício cinematográfico não nasce, como muita gente pensa, sente e diz, de uma estrutura de cupinchagem e de igrejinhas. O Cinema Novo nasce do próprio, exclusivo, e individual talento do pretendente. Sobretudo da disponibilidade e coragem de enfrentar a vida. A marginalização de certos diretores, jovens e velhos, do processo Cinema Novo, se deve às problemáticas pessoais destes homens e não a "recusas" do Cinema Novo em recebê-los e integrá-los. Um movimento que pretende ser industrial e culturalmente grande não perde tempo com mesquinharias e intrigas provincianas. O Cinema Novo não é exclusividade de alguns, é uma legenda à disposição de todos: quem se elege Cinema Novo é o próprio cineasta. Ninguém faz reunião para decidir se fulano é ou não do grupo; ele só faz pelos filmes. *São Paulo S.A.*, por exemplo, já nasceu Cinema Novo quando Person fez seu primeiro *take* e quando quase ninguém tinha ouvido falar nele.

— E a aproximação do Cinema Novo Rio-São Paulo?...

— Há, evidentemente, uma integração cada vez maior entre o grupo do Rio e de São Paulo, mesmo porque o Cinema Novo tem fortes raízes em São Paulo: Paulo Emílio, Almeida Salles, Maurício Capovilla, Jean-Claude Bernardet, Rudá Andrade e no plano prático o Roberto Santos (desde O grande momento, "filme novo" rodado em 1958). Hoje, como o surgimento de novos cineastas (o grupo do Farkas, Person, Rogério Sganzerla), o que se sente é uma desenvoltura semelhante a do Rio, três anos atrás. Não tardará um novo ciclo de produção explosiva. E não se deve esquecer o estranho fenômeno de José Mojica Marins, que superou e transcendeu toda a especulação do tradicional "expressionismo caipira" do cinema paulista.

O que é urgente em São Paulo é uma breve modificação do sistema de produção gigantesca, em busca de uma maior flexibilidade. Para concorrer com a televisão e o cinema estrangeiro, interna e externamente, precisamos de um cinema industrial de autor. Nisto não há nenhuma contradição, porque à medida que uma legislação democratize a produção, o diretor pode ser produtor. Supera-se, assim, o melhor problema da liberdade que a indústria clássica tirava do diretor.

Somente um cinema de personalidade, um cinema transcendente e agressivo — um cinema forte — pode interessar ao público. Uma produção brasileira no estilo americano perde de longe porque em matéria de técnica somos macacos e o fracasso da Vera Cruz provoca que a imitação subdesenvolvida não dá em nada. É claro que leva tempo para um cinema se firmar no Brasil; mas é assim mesmo: tudo aqui demora para se firmar, inclusive o país. O atual projeto em discussão para reformular a política cinematográfica em São Paulo é promissor. Melhor mesmo que a da CAIC no Rio. Se os homens do cinema em São Paulo, velhos e novos, reunirem-se em torno desta ideia, o cinema paulista sairá de sua passividade, da fracassada mitologia do passado, e ressurgirá com força capaz de fazer de São Paulo o núcleo mais importante da América Latina. Porque é absolutamente incrível e criminoso que um estado com grandes estúdios e laboratórios, grandes capitais e, sobretudo uma forte base cultural, não produza filmes em quantidade e qualidade como na Guanabara, onde só há, disponíveis, um laboratório e três ou quatro moviolas.

O que se deve ter acima de tudo, mesmo acima das divergências artísticas e ideológicas, é a necessidade de superar esta crise. Cabe ao Estado e à municipalidade uma legislação que ajude os produtores a enfrentar as experiências, vencer as dificuldades e ganhar uma estabilidade, sem que para isso o cinema seja obrigado à pornografia, à violência e ao mau gosto.

— *E quanto ao seu próximo filme, Terra em Transe: esquematicamente, seria uma continuação, uma revisão ou oposição a Deus e o Diabo na Terra do Sol?*

— Antes um desdobramento das minhas ideias. Não sei bem se será mais falho ou mais concreto. Desta vez, será uma tentativa de exprimir no plano urbano certos conflitos que me parecem fundamentais no Brasil de hoje: a negação dos valores tradicionais e a incerteza quantos aos novos valores. Este ponto crítico é o transe. O transe entre o inconsciente e o consciente de uma civilização, entre o sono e o despertar — o ponto crítico entre o êxtase e a lucidez.

— *E a forma?*

— Mais simples, porque mais concreta em sua narração.

— *Quer dizer, estilo mais despojado, destituído de enfatismos e simbolismos sociais — como havia em Deus e o Diabo. Montagem mais cadenciada?*

— Isso eu não sei. Tudo depende da hora de filmagem.

— *Porque, pelo que você me fala, será um estilo de reportagem... Uma forma mais pura... Sem os hibridismos voluntários da obra anterior que, segundo um diretor do Brasil, é "cinema de camelô"?*

— Hoje o estilo não me interessa como transcendência. O estilo me interessa apenas como expressão. Não tenho escrúpulos em apelar para qualquer estilo, desde que se incorpore às minhas ideias, desde que seja necessária à discussão do tema. *Terra em Transe* será um filme menos comprometido com a velha cultura cinematográfica. Terá uma linguagem mais direta, mais escorreita, mais lúcida do que *Deus e o Diabo na Terra do Sol*, talvez porque hoje as minhas ideias estejam mais organizadas. Mas aí é que eu mesmo me pergunto: qual é a linguagem do transe? O que me interessa no filme é o próprio transe — um ritmo e um clima que sejam transe.

— Onirismo?

— Não. Porque se eu não incorporar o transe à linguagem farei apenas o relato do transe e se o espectador não participar do transe, isto é, entrar no transe, o filme fracassa.

Mas ao mesmo tempo me interessa desmistificar o transe. É como disse antes, o negócio do "perder-se e encontrar-se", em suma, no conflito, despertar e não adormecer. Romper com a ficção tradicional partir para o documentário distanciado.

PEQUENA HISTÓRIA DO CINEMA NOVO

Gustavo Dahl
1966

PRÉ-HISTÓRIA

1955: *Rio 40 Graus.* Primeiro filme de Nelson Pereira dos Santos. Produzido em uma cooperativa, muito influenciado pelo neorealismo zavattiniano. Nelson Pereira dos Santos, considerado o precursor do Cinema Novo, provou que uma produção de baixo orçamento era possível e mostrou uma grande preocupação com a realidade brasileira.

1957: *Rio, Zona Norte.* Em seu segundo filme, Nelson hesita entre dois realismos: o socialista e o crítico. Procura um estilo de direção que ele não consegue encontrar, se atrapalha, admite estar em crise. No entanto, aprofunda seu discurso, na medida em que não se concentra em anedotas, mas em personagens. Depois deste filme, ele fez jornalismo e documentários obscuros sobre o Nordeste.

1958: *O Grande Momento.* Trata-se de um filme de Roberto Santos, mas produzido em São Paulo por Nelson Pereira dos Santos. Um casamento de bairro tratado num tom meio cômico, meio patético, com reminiscências do neorealismo, Clair e filmes do período da Frente Popular. Mas, segundo o autor, a única influência real é o teatro dialetal que outrora existia no bairro italiano de São Paulo.

1959: *Bahia de Todos os Santos.* De Trigueiro Neto; é quase Cinema Novo. Um cinema ético, um *mise-en-scène* se abolindo por querer desmistificar, um filme seco pelo amor ao distanciamento brechtiano. Uma tentativa abortada de misturar o individual com o coletivo. Continua sendo o filme brasileiro cuja abordagem mais evoca o pensamento moderno.

FASE EMBRIONÁRIA

1958-59: Atividade teórica: cineclubes, críticas, etc.

No Rio: Glauber Rocha, Leon Hirszman, Miguel Borges (Os problemas são sempre colocados em seu contexto social).

Em São Paulo: Gustavo Dahl, Jean-Claude Bernardet (Elogio ao cinema autoral, busca do autor brasileiro).

Primeiros ensaios: *Pátio* (Glauber Rocha), *Caminhos* (Saraceni), *Fuga* (Carlos Diegues), em 16 mm, muito vanguardistas. Em 35 mm: *O Mestre de Apipucos, O Poeta de Castelo* (Joaquim Pedro de Andrade) e *Cruz na Praça* (Glauber, inacabado).

NASCIMENTO

1960: *Arraial do Cabo*, de Paulo César Saraceni. Documentário emblemático do Cinema Novo. Primeiro filme de sucesso. Admirável fotografia de Mario Carneiro. Pela primeira vez, um jovem filme é bem recebido pela *intelligentsia* local.

1962: *II Rassegna del Cinema Latinoamericano* em Santa Margherita Ligure. Jean Rouch dá um prémio a *Arraial do Cabo*. Saraceni, Joaquim Pedro e Gustavo Dahl rompem com a ridícula cinematografia oficial brasileira em nome do Cinema Novo. Mais tarde, o *Arraial* foi galardoado com outros cinco prêmios em festivais europeus. Na Bienal de São Paulo, a Cinemateca Brasileira organiza uma homenagem ao cinema brasileiro apenas com as curtas-metragens do Cinema Novo. Pequeno escândalo, discussões, consagração finalmente, para o *Couro de Gato* de Joaquim Pedro, que acabara de ser concluído.

Uma nova ferramenta: a câmera manual. Novas possibilidades de mostrar o homem em situação, o seu rosto e os seus gestos.

ADOLESCÊNCIA

1962: *Barravento*, de Glauber Rocha. Confuso, caótico, obscuro, violento, admirável. Dois anos de edição. É o primeiro "caso" de Cinema Novo. Falha pública e crítica. Perplexidade tanto à esquerda como à direita. Apenas alguns *happy few* reconhecem as suas qualidades. (cf. *Cahiers*, n.º 141, p. 10 e n.º 147, p. 36).

Os Cafajestes, de Ruy Guerra. Agressivamente Nouvelle Vague, com citações de Godard, Resnais, Antonioni, etc, cínico, irreverente. O filme teve problemas com os censores e depois tornou-se o primeiro sucesso público do cinema novo (cf. *Cahiers*, n.º 135, p. 28, n.º 141, p. 10 e n.º 160, p. 83).

Cinco Vezes Favela. Produzido pelo Centro de Cultura Popular da União Nacional de Estudantes. Com episódios de Leon Hirszman, Carlos Diegues, Miguel Borges, Marcos Farias, além de *Couro de Gato*. Tentativa de um cinema francamente político que pretendia atingir a agitação popular. Falhou devido à demagogia, sectarismo, primarismo, esteticismo e fusão, mas desempenhou o papel de um filme-manifesto: tomar uma posição de perante a realidade e ao cinema.

Porto das Caixas, de Paulo César Saraceni. Um filme amaldiçoado, pessoal ao ponto de excesso, amargo, tenso. Atacado pela direita e pela esquerda na primeira projeção, revela a única "bête de cinéma" do movimento, um autor intransigente, um moralista. Irá influenciar outros autores e filmes (cf. *Cahiers*, n.º 145, p. 24).

MATURIDADE

1963: *Vidas Secas*, de Nelson Pereira dos Santos. Já um clássico no seu nascimento. O seu autor amadureceu através de filmes encomendados, montagens, etc. Ele mostra um grande domínio dos seus meios e da realidade com que lida. Aboliu uma imagem que já estava a ser formada de um Cinema Novo mal feito, hermético e neurótico (cf. *Cahiers*, n.º 156, p. 11 e n.º 172, p. 5).
Garrincha, de Joaquim Pedro de Andrade. Documentário de longa-metragem. Quase *cinéma verité*, mas com um som que não é síncrono. Paradoxalmente, mostra o gosto do autor pela *mise-en-scène*. A vertente social (documentário) é provavelmente insuficiente, mas a personagem (feita a ficção) é muito bem sucedida (cf. *Cahiers*, n.º 146, p. 40).
Ganga Zumba, de Carlos Diegues. Ex-poeta, filho de um sociólogo, com uma paixão pela política, Diegues preocupa-se com o lirismo, a etnologia e a ideologia. O seu filme lento e discursivo, com flashes de beleza e paixão, apela aos africanos e aos europeus, mas menos aos brasileiros. O Cinema Novo descobre os encantos da calma e de uma serenidade por vezes excessiva (cf. *Cahiers*, n.º 159, p. 40).
1964: *Deus e o Diabo na Terra do Sol*, de Glauber Rocha (cf. *Cahiers*, n.º 156, p. 11.); *Os Fuzis*, de Ruy Guerra (cf. *Cahiers* n° 158, p. 43.); *Maioria Absoluta*, de Leon Hirszman (cf. *Cahiers*, n° 164, p. 67.); *Integração Racial*, de Paulo César Saraceni (cf. *Cahiers*, n.º 164, p. 66.)
1965: *São Paulo S.A.*, de Luis Sérgio Person (cf. *Cahiers*, n.º 168, p. 80.); *Memória do Cangaço*, de Paulo Gil Soares, *Viramundo*, de Geraldo Sarno (cf. *Cahiers*, n° 172, p. 8.); *A Falecida*, de Leon Hirszman (cf. *Cahiers*, n.º 168, p. 81 e n.º 171, p. 48.); *O Padre e a Moça* (ex-*Negro Amor de Rendas Brancas*), de Joaquim Pedro de Andrade. (cf. *Cahiers*, n.º 168, p. 81): *Menino de Engenho*, de Walter Lima Jr. (ibid.); *A Hora e a Vez de Augusto Matraga*, de Roberto Santos (ibid.), *O Desafio*, de Paulo César Saraceni (ibid. e n.º 172, p. 9.).

POÉTICA DO CINEMA NOVO

David Neves
1966

I
INTRODUÇÃO AO CINEMA NOVO

Você ainda não pediu sua inscrição, jovem cineasta-amador? Filie-se urgente, as possibilidades são imensas, procure ali um dos batalhadores do Novo Cinema Nacional, franco, ousado, invencível, otimista, inteligente, novo e você terá em pouco tempo seu filme, os letreiros de seu filme, as cenas de emoção do seu filme aplaudidos na noite de lançamento por um público sofisticado e burguês.
Maurício Gomes Leite

Segundo alguns o Cinema Novo não existe. Outros não acreditam na sua existência, mas insistentemente o invocam quando se trata de fazer uma localização no tempo e no espaço ou um julgamento crítico. Há ainda os que creem firmemente no Cinema Novo e fazem do slogan condição *sine qua non* da salvação do cinema brasileiro. Essas divergências, de início, parecem muito salutares porque, existindo ou não, desburocratizam o Cinema Novo e o transforma em matéria de foro íntimo, pois, antes de mais nada, ele é um estado de espírito, um estado revolucionário de espírito, relativamente às coisas de nossa cinematografia.

"Filma-se, e em se filmando dá". Esta frase, tirada de uma carta de Glauber Rocha, traduz hoje o *élan* do cinema brasileiro, representado pelo que se convencionou chamar de Cinema Novo. A expressão é, sobretudo, um slogan promocional, porque na verdade não se pode definir esse estado de espírito que de repente se apossou de um grupo de pessoas (na sua maioria jovens) e que levou o cinema a ser uma instituição nova na cultura brasileira.

O cinema passou a ser coisa séria, importante. Coisas, que, absolutamente não era antes, no Brasil. Paradoxo dos paradoxos: o cinema, arte dispendiosa, tornara-se mais acessível do que qualquer outra arte. Ocupação de saltimbanco, à disposição, sobretudo, de quem, com boa conversa, levasse um capitalista e inverter dinheiro com fins quase exclusivamente lucrativos.

137

O Cinema Novo transformou esse estado de coisas. Tomou, de golpe, a rédea das atividades cinematográficas no Brasil (centralizadas no Rio, com focos em Salvador, João Pessoa e, só agora, em São Paulo).

Hoje em dia, na Europa, por exemplo, o nome do cinema brasileiro é respeitado graças a essa ação conjunta, convergente, que só mesmo uma necessidade histórica pode explicar. A revista *Cahiers du Cinéma* já começa hoje a dedicar uma seção de correspondência especial sobre o Cinema Novo brasileiro.

Como nasceu esse movimento? De forma espontânea, natural e algo complexa. Pode-se dizer que seu núcleo central originou-se de um grupo de jovens idealistas que se reunia nas sessões semanais da Cinemateca do Museu de Arte Moderna do Rio de Janeiro. Esses jovens, através de um sentimento misto de displicência e obstinação, resolveram trazer a chancela de arte para uma atividade artística que vinha sendo desviada de suas verdadeiras características. Dentre eles, podemos citar o jornalista Nelson Pereira do Santos que fez *Rio 40 Graus* e *Rio, Zona Norte* (em 1955 e 1957); Joaquim Pedro de Andrade, recém-formado na Faculdade de Física, que fez *O Mestre de Apipucos* e *O Poeta do Castelo* (1959), documentários sobre Gilberto Freyre e Manuel Bandeira; Paulo César Saraceni que, depois de uma experiência amadorística em 16mm, revelou-se também com o documentário *Arraial do Cabo*. Na Bahia, acompanhando o movimento carioca, Glauber Rocha, crítico ativíssimo, realizou um curta-metragem — *O Pátio*.

A amizade estreitou o ideal de cada um. Pouco a pouco, o espírito cultural — "a sério" — da literatura ia se transformando em cinema. *Cinco Vezes Favela*, filme coletivo, lançou o movimento ainda anônimo na praça. Feito à margem e quase em segredo, *Os Cafajestes*, de Ruy Guerra, trouxe a dose de escândalo que faltava, sacudindo a atenção do público alheio aos movimentos e às pretensões dos bastidores. *O Pagador de Promessas*, arrebatando a Palma de Ouro no Festival de Cannes, em 1962, contribuiu com o ânimo que faltava para corrigir as deficiências de um idealismo solitário. Anselmo Duarte, entretanto, não cumprindo à risca as solicitações que se desenhavam nas ambições e nas necessidades coletivas, foi posto à margem do movimento. Durante o desenrolar desses acontecimentos (ou, talvez, influenciado por eles), um outro grupo, atendendo ao chamado do crítico carioca Ely Azeredo, reunia-se para fundar uma publicação que receberia justamente o nome *Cinema Novo*. A publicação não chegou a sair, conforme se diz, e o crítico em questão renegou em seguida a sua ideia e o nome que, por ressonância, foi adotado como fórmula genérica.

O Cinema Novo progrediu de forma inorgânica e hoje (1966) começa a produzir maduros os frutos verdes de ontem.

II
DA CHANCHADA AO CINEMA NOVO

"... apesar de se explicarem verbalmente em excesso, as personagens não conseguem transmitir ao espectador a plena convicção sem a qual torna-se inexistente a emoção dramática".
(Paulo Emílio Sales Gomes, a própósito de Ravina).

Os cineastas são primitivos e prolixos porque, apenas descobrindo o cinema, o tomam em sua excessiva tagarelice. O sistema verbalista é um remanescente das correntes literárias anteriores ao modernismo e persiste no sangue de realizadores menos informados que se deixam levar pelo lado vulgar do cinema; a essas influências literárias onde subsiste a ânsia da descrição objetiva se junta a gabolice do brasileiro típico (que não deixa de ser verdadeiro mesmo na mentira mais injustificável).

A chanchada, para apenas citar um exemplo, é especificamente falante e exagerada. Grita, não fala. Salta aos olhos. Aboliram-se na chanchada os conceitos de *mise-en-scène* e de linha narrativa contínua e pode-se notar com facilidade que o falar é independente do agir: os personagens posam para falar e estão sumamente preocupados com a clareza de suas palavras. Essa gentileza com o espectador, permanente, inacabável, criou um comodismo nas plateias menos favorecidas e o já falado "complexo de inferioridade cinematográfico" que Walter Hugo Khoury definiu num artigo importante. A chanchada com seus defeitos ficou sendo o bode expiatório dos que se dirigiram contra o cinema brasileiro, mas, o que se pode ver, em parte, foram esses mesmos vícios serem transportados para os novos temas e gêneros em produção. A deficiência da chanchada tinha antecedentes nas pessoas e seus realizadores em particular e num espírito que animava todo setor artístico e cultural do cinema brasileiro. Por mais paradoxal que possa parecer é o Cinema Novo como exemplo típico de reação contra o medo e a covardia que se apresentava sob essa aparência de regressão. O provincianismo cultural criou nos realizadores nacionais o mito da perfeição, mas da perfeição teórica (não havendo bons filmes nacionais, não pode haver um perfeito aprendizado prático). É um exemplo interessante da dialética da comunicação e da apreensão cultural. Para se exprimirem dentro de uma linguagem clara e perfeita, os cineastas brasileiros contavam apenas com uma formação "teórica", e, temendo cair nos vícios que as manifestações pessoais poderiam acarretar, apegaram-se de forma exagerada a essa bagagem. O resultado é o que se observa: a fraqueza dos temas, a rigidez, e a impersonalidade das fitas, ou, em outras palavras, filmes medíocres que atingiam as raias do ridículo.

Pelo seu artificialismo imanente, compreende-se a chamada a *priori*, isto é, as próprias deficiências do veículo eram elementos risíveis e se inseriam no contexto. É muito importante este fato, porque explica o despeito intrínseco do público pelas nossas coisas de cinema. Os defeitos se transfeririam da chanchada para outros filmes ditos sérios e o reflexo condicionado permaneceu. A solução para as descontinuidades visuais do cinema brasileiro é fator premente na solução do problema de sua não aceitação pelo público. O vício se repete de filme para filme e o que cada vez mais é considerado essencial e aprovado pelos laboratórios baseados em dados industriais decadentes e pelos homens formados na escola "expressionista" da chanchada, como Toni Rabatoni, não passa, na realidade, da mais arcaica forma fotográfica de visualização.

A chanchada, bem ou mal, condicionou de modo profundo o cinema brasileiro e mesmo o Cinema Novo. De *O Homem do Sputnik* à *Boca de Ouro*, por exemplo, apesar de seus respectivos realizadores pertencerem a épocas e escolas desencontradas, sentem-se perfeitamente linhas de força da mesma espécie. No Cinema Novo, onde *Boca de Ouro* é um representante da velha classe, esses elementos diluíram-se e sedimentaram-se noutros centros de gravidade. O expressionismo fotográfico se foi em troca de concepções mais acessíveis de iluminação, mas, na verdade, o verbalismo perdura como certas manchas que custam a desaparecer. Certamente o *Boca de Ouro* é um encruzilhada, um ponto de convergência onde se encontram e se transformam os remanescentes de tendências já mortas.

Eis os elementos do plano típico que caracterizava o cinema tradicional ou industrial: iluminação e enquadramento expressionistas. O enquadramento tende especialmente para a estratificação e a rigidez. O personagem está evidente e explicitamente à disposição do espectador e, como num palco, sua dicção tem o volume bastante acentuado. Da última fila do cinema, o espectador sonolento verá e ouvirá com perfeição o que ele tem a fazer ou a falar.

Suas falhas de representação e as de *mise-en-scène* (na maioria das vezes muitas) serão também necessariamente acentuadas. O *décor*, na intenção de retratar realisticamente a atmosfera, também peca pelo exagero que os princípios alinhados acima amplificam.

Porto das Caixas, de Paulo César Saraceni, foi o primeiro longa-metragem a quebrar, no Cinema Novo, a falsa e precária técnica de "perfeição". O *flou*, o *trompe l'oeil*, o sussurro são as saídas adotadas. Um filme verdadeiramente realista, sem exageros ou cacoetes. A sugestão da realidade é o elemento que conta.

III

UM OBSTÁCULO A TRANSPOR: O PÚBLICO

"Como vão aqueles filmes horríveis que você faz e que eu tive a sorte de não ver?"
(Citado por Walter Hugo Khouri).

"A agravar essa situação, temos, também aquilo que podemos chamar de o complexo de inferioridade cinematográfica do brasileiro".
(Walter Hugo Khouri).

O cinema brasileiro sempre lutou contra a dose de má vontade de um público mal informado e comodista que não enfrenta a fita a que assiste e se comporta de forma passiva, receptora.

A função de cineasta corresponde, na mesma ordem dos fenômenos, a uma brincadeira nunca levada a sério.

Os homens de cinema são sempre tidos como entes privilegiados e seu trabalho, um *chômage* lucrativo permanente. Talvez defeito da debilidade de nossa estrutura industrial, o cinema brasileiro não apresenta trabalhos mas chances aos que anunciam um bom gosto artístico mais acentuado.

Enquanto um cinema funciona sob essas considerações específicas, sobrenaturais e distantes da realidade, certas verdades nacionais, mostradas muitas vezes de forma crua e despojada, não poderão nunca ser totalmente assimiladas.

Essa constatação parte de um pressuposto, ou melhor, confirma um pressuposto: o público é maior adversário que nossos novos realizadores tem que enfrentar. Não propriamente o público, mas uma consciência errada e anacrônica que ele traz consigo.

O desprezo pelas coisas do cinema está plantado bem fundo no espírito do brasileiro. Nele estão contidos elementos contraditórios, entre os quais um enorme coeficiente de provincianismo que faz com que se aceite passivamente o produto estrangeiro em detrimento do nacional.

Acredito ser esse o fato mais dramático, no sentido de que não prevê senão soluções demoradas, e, ainda assim, de sucesso duvidoso. O brasileiro que se retraiu em virtude da fraqueza de nossa cinematografia, que se recusa a reconhecê-la até um ponto determinado (prêmios internacionais à parte).

A realidade (e entre nós, a verossimilhança) é o ponto de referência crítica que ele emprega, para fundar suas opiniões concretas; por isso, de certa forma, ele precisa se achar nos filmes a que assiste. Antes, contra a chanchada, só de podiam opor (com certa vergonha específica) as produções estrangeiras.

O que mais espanta não é tanto o desinteresse pelas fitas, mas a agressividade e a repulsa a elas dirigidas sob a forma de desprezo. A qualidade artística seria um fator de fascínio, um chamariz e essa qualidade o público sozinho não pode descobri-la. Faz-se necessária a presença de um agente credenciado que aponte a qualidade ou a libertação almejada.

O fracasso comercial de *Tocaia no Asfalto*, filme baiano de Roberto Pires, lançado no Rio em novembro de 1962 com enormes perspectivas de êxito, gerou um clima de verdadeira calamidade pública. Depois do sucesso do *Assalto ao Trem Pa-*

gador, esperava-se um novo sucesso de bilheteria. Acontece, entretanto, que *Tocaia no Asfalto* não retratava senão um fato remoto, distante do público carioca, que não encontrou na fita nenhum estímulo imediato. Da observação pode-se concluir que os filmes brasileiros que retratam ou reproduzem um acontecimento não muito remoto e de repercussão nacional tem invariavelmente sucesso de público, porque este fato funciona como ponto de referência concreto, imediato. Essa conclusão, baseada na fita de Roberto Farias, confirmou-se no sucesso de *A Grande Feira*, de Roberto Pires, em Salvador. O que quis dizer relaciona-se mais com a familiaridade que os eventos reproduzidos nas fitas possuem (e seu caráter específico e atraente) do que com a aparência espetacular desses mesmos acontecimentos. A situação do cinema brasileiro, portanto, *mutatis mutandis*, era nessa época semelhante à do cinema francês na sua fase Lumière, isto é, a fase do cinematógrafo, no qual se buscava com insistência a atmosfera de intimidade das reproduções do cotidiano. Isto, no que diz respeito às relações do cinema com o público, bem entendido.

IV
POÉTICA DO CINEMA NOVO

Não se pode negar que uma visão de conjunto de uma obra artística qualquer, mesmo a que não disponha de finalidades essenciais, faz sempre extravasar, bem ou mal, uma poética distinta. Assim, se fora do Cinema Novo tomamos a fase das chanchadas (ou das comédias musicais), elas, na sua grosseira insuficiência artística, nos apresentarão sempre um universo específico como pano de fundo, e diversas peculiaridades, todas dependentes de ou imanentes a esse mesmo universo.

Indago-me que critério usar para abranger, com clareza, e, com brevidade, o problema. Uma divisão prática seria interessante no sentido de "visualizar" em detalhe essa poética ou esse universo específico em seus diversos setores. Digamos, adotando o método indutivo que, no Cinema Novo, as correntes principais são:

a) A tradicional, que evoluiu do antigo cinema industrial;

b) A híbrida que mantém pontos de contato com a anterior e com a moderna;

c) A moderna, originada no espírito jovem de jovens apaixonados pelo cinema, teóricos, estudiosos, cineclubistas e, finalmente, autores de filmes.

Essas três correntes ou saídas do atual cinema brasileiro são absolutamente autênticas e cada uma comporta *de per si* uma característica própria, que no entanto se liga com intimidade à sua congênere do outro grupo. Se poética e universo são a mesma coisa, não significarão, também, em última instância, estilo?

E o Cinema Novo prima justamente por uma universidade dentro da diversificação estilística. As causas desse fenômeno residem de modo especial na formação independente de cada realizador e na emulação inconsciente que existe no meio. Na primeira corrente, fundam-se os princípios dessa poética. São, por assim dizer, os alicerces do universo cinematográfico brasileiro, a origem dos vetores que orientarão um determinismo cultural.

Para começar, *Rio 40 Graus*, de Nelson Pereira dos Santos. Como transformar em palavras sua concepção?

Filme fragmentado em episódios que se interdependem entre si e se completam. Cada uma, célula de poesia, ora realista, ora de referência cinematográfica. Sublinhe-se e atente-se, no filme, a nostalgia relativamente à chanchada que ele tanto como produção quanto como realização parece querer condenar (o episódio do deputado nordestino, ridículo, grosseiro, destoante, verbalista, como se queria na festa primitiva). Defeituoso, *maladroit*, eis a chave-mestra para se classificar formalmente o seu mundo e o que lhe seguirá. Esperar a perfeição, os ornatos, o rigor num filme brasileiro somente se se tivesse uma visão brasileira desses elementos. Num determinado momento, a ousadia máxima para um filme de produção pobre e de conceitos pobres a respeito da produção: a grua improvisada que termina por trucagem numa maquete da visão-tipo do Rio: o Pão de Açúcar e a Baía de Guanabara. Nelson Pereira dos Santos, usando recursos de todo um cinema que lhe antecedeu, traça as bases de uma nova escola: a da autenticidade.

Rio, Zona Norte confirma com mais secura a tese da unidade e da personalidade ou autoria. O compositor Espírito da Luz Soares é a "voz do povo" e sua vida a nossa vida. Eis o samba-na-caixa-de-fósforo, o despojamento, quase o cinema-verdade em 1957.

Eis a coragem, a necessidade de utilização da inteligência, do amor ao cinema. Que tipo de universo é esse? A poesia do real, da crueza, do drama, da pobreza, da infelicidade. A poética do Cinema Novo, queiram ou não, é essa aparência, às vezes titubeante, ou a ilusão dessa aparência. Titubeante, na verdade, tem sido o espectador brasileiro, que não se entrega facilmente, que reage, que perde a seiva de um mundo novo, em busca de contatos, de relações, de ressonância com uma concepção provinciana e alienada que traz consigo.

Depois de *Rio 40 graus* e *Rio, Zona Norte* veio *Mandacaru Vermelho* e Nelson Pereira dos Santos já entrava pelas outras correntes, formando, pensando, ruminando *Vidas Secas*.

Em outros planos, outros realizadores seguiram-lhe os passos: Glauber Rocha, Roberto Pires, Roberto Farias. Sobretudo Glauber. Os demais, assistiam, aprendiam, debatiam, preparavam-se.

Cinema é antes prosa do que verso, mas que melhor poeta do que Guimarães Rosa? Devia pensar Glauber Rocha, digerindo o roteiro de *Deus e o Diabo na Terra do Sol*. Que afinidade sutil entre o jovem baiano e o grande escritor. "... ele será tanto mais original quanto mais fundo baixar na pesquisa, trazendo como resultado um mundo e um homem diferentes, compostos de elementos que deformou a partir dos modelos reais, consciente ou inconscientemente proposto". Falando da técnica criadora de Guimarães Rosa, Antonio Candido não se refere também com certa intimidade à elaboração de *Deus e o Diabo na Terra do Sol*, ou mais particularmente, à técnica de Glauber Rocha? Antônio das Mortes, esse personagem fabuloso, não seria, por exemplo, esse "homem diferente composto da deformação dos modelos reais?"

Dessa poesia viril, faceta de um mundo, região, como uma região geográfica de um Brasil imenso, se pode passar a outras aparências.

Cinema é crônica, pensaria Roberto Farias, seguindo a prosa narrativa de Nelson Pereira dos Santos quanto à despreocupação com o veículo e renovando o estilo em certos detalhes, fiel, porém, ao processo da *découpage* e dos *vrais raccords*.

Cinema é tudo, pensava ainda Nelson, que começa a ser menos cronista do que cantador; dolente, rústico, singelo, despojado como Graciliano Ramos se revela, ele próprio, em *São Bernardo*: "extraio dos acontecimentos algumas parcelas; o resto é bagaço". Como o escritor, Nelson passa a ser evasivo, seco e intransigente.

Cinema é paixão, choraria Paulo César Saraceni. Cinema é "música", dirá, mais tarde, Sérgio Ricardo, completando a tempo: música popular. É ritmo e raciocino, responderia Joaquim Pedro de Andrade. Cinema é intimidade, replicaria Carlos Diegues.

A polêmica que não chega a ser está aí; porém todos concordam na aparente discordância.

Todas essas manifestações que transtornaram nosso espírito, no fundo, existem da forma a mais brasileira possível, isto é, displicente, balbuciante, tímida ainda. E não vão ser as tais correntes que para facilitar inventei, que as separarão em compartimentos estanques. Assim, Nelson Pereira dos Santos influencia Glauber Rocha que influencia Carlos Diegues que se exercita. O universo de Nelson, seus conceitos dramáticos agem sobre Joaquim Pedro, que também se estimula com a retórica de Glauber. Paulo César Saraceni acha que quase tudo vem de Rosselini, mas, por exemplo, toma *Viaggio in Italia* como um meio e nunca como um fim. Pelo realizador italiano, o mundo de Paulo César encontra o de Glauber Rocha e ambos se entrechocam, numa dialética criadora.

Eis aí resumida a poética do Cinema Novo. Falta, também, mencionar, que os problemas técnicos, que assaltam quase sempre a realização de um filme, agem de maneira a influir sobre a formação desses mesmos mundos. Aos poucos, porém, a consciência vem chegando e o universo pessoal e as condições materiais atingem uma fase quase familiar de concordância: são os casos de *Vidas Secas*, *Deus e o Diabo na Terra do Sol* e o exemplo paulista de *Noite Vazia*.

Ao final, entretanto, tudo é válido e conta como aquilo que Louis Marcorelles diz ser "a feitura concomitante da história de um povo e de um cinema".

O amor ao cinema chega ao extremo de se realizarem filmes com o conhecimento prévio de sua quase impossibilidade de recuperação financeira no mercado interno do Brasil, e já hoje em dia o mercado externo é visto com certa desconfiança.

O tempo favoreceu a abolição do supérfluo. De *Boca de Ouro* a *Vidas Secas*, por exemplo, que incrível aumento de objetividade narrativa. Os estímulos se filtram, o Cinema Novo busca a universalidade através da análise, da consciência acerca de meios e fins, da autoria. Realiza-se, enfim, pelo amor ao homem brasileiro e pela concentração em objetos realmente autênticos.

Finalmente, se me perguntassem, à queima-roupa, quais as raízes e origens mais profundas do Cinema Novo, ou melhor, de sua poética, eu responderia de forma conclusiva: 1) a autossuficiência do brasileiro, fator perigoso que às vezes, como no caso presente, age de maneira positiva; 2) como causa material, a influência direta, de um lado, da chanchada, o cinema industrial carioca, decorrente da novela radiofônica; de outro lado, uma forma de aculturação brasileira mais elevada (escritores) e os curta-metragens *Caminhos*, *Cruz na Praça*, *Domingo*, *Arraial do Cabo*, *O Poeta do Castelo* e *Couro de Gato*; 3) a coragem, o amor do cinema como forma de expressão e, em sentido não pejorativo, a lei do menor esforço.

FONTES ORIGINAIS DOS TEXTOS:

ARRAIAL, CINEMA NOVO E CÂMERA NA MÃO
Suplemento Dominical do Jornal do Brasil, 12/08/1961

ALGO DE NOVO ENTRE NÓS
Suplemento Literário do Estado de São Paulo, 07/10/1961

MOVIMENTO '62
O Metropolitano, 17 de março de 1962

CINEMA NOVO
Revista Movimento (UNE), maio de 1962.

CINEMA NOVO EM DISCUSSÃO
Revista Movimento (UNE), novembro de 1962.

CINEMA NOVO, AMBIÇÕES, PERSPECTIVAS
Gravada em setembro de 1964, Revista Civilização Brasileira 1, março de 1965

VITÓRIA DO CINEMA NOVO
Revista Civilização Brasileira, maio de 1965

ESTÉTICA DA FOME
Revista Civilização Brasileira, maio de 1965

A DESCOBERTA DA ESPONTANEIDADE
Livro Cinema Moderno, Cinema Novo, José Álvaro Editor, 1966

REENCONTRO COM O CINEMA NOVO
Cahiers du Cinèma 176, 1966

FALA GLAUBER ROCHA
Suplemento Literário do Estado de São Paulo, 07 e 14 de maio de 1966

PEQUENA HISTÓRIA DO CINEMA NOVO
Cahiers du Cinèma 176, 1966

POÉTICA DO CINEMA NOVO
fragmento de livro, Ed. Vozes, 1966

IMAGENS:

10-11 **ARRAIAL DO CABO (PAULO CEZAR SARACENI E MÁRIO PEIXOTO)**
18-19 **FILMAGEM DE RIO 40 GRAUS, NELSON PEREIRA E GRANDE OTELO**
26-27 **5 VEZES FAVELA**
32-33 **RIO 40 GRAUS (NELSON PEREIRA DOS SANTOS)**
40-41 **OS CAFAJESTES (RUY GUERRA)**
58-59 **O DRAGÃO DA MALDADE E O SANTO GUERREIRO (GLAUBER ROCHA)**
66-67 **GLAUBER ROCHA FILMANDO EM 1964**
92-93 **OS FUZIS (RUY GUERRA)**
102-103 **A HORA E A VEZ DE AUGUSTO MATRAGA (ROBERTO SANTOS)**
118-119 **GANGA ZUMBA (CARLOS DIEGUES)**
128-129 **LEON HIRZSMAN FILMANDO A FALECIDA**
134-135 **PORTO DAS CAIXAS (PAULO CEZAR SARACENI)**
148-149 **O PADRE E A MOÇA (JOAQUIM PEDRO DE ANDRADE)**